初學手相這本最好用

黃恆堉◎著
中國五術教育協會 副理事長

真心忠告

親愛的朋友們！

用本書對照完您的手相後如有好的紋路，「恭喜您」，如有不佳的手紋出現時，應該要檢討改進，或得尋求貴人幫助，但千萬不可以太宿命。

常言說：命不能改，但運可以創造，手相的變化也就是運勢的變化，如果用心經營人生，壞運當然也可以轉變成好運。

手相會隨運勢而變化。
常常關心自己的手紋變化而得知未來吉凶，以便提前規劃未來人生。

一本讓您瞭解自己的規劃書
一本讓您知命造運的工具書
一本能讓您增加人際互動的書

作者序

學過八字、紫微、陽宅、姓名學、卜卦、面相、手相。回想起來手相最難論，因為手相有太多種變化了，真的很難論到很精準。

近幾年筆者在全省保險公司、房地產仲介業及社團，以及讀書會演講場次超過一千場，發覺談手、面相時最能讓聽衆共鳴而且感同身受，沒有人會打瞌睡。探究原因還不是每個人都對自己的未來及過去很感興趣嘛！

所以我就決定出一本既簡單又好用的手相工具書，讓對手相有興趣的朋友不用很傷腦筋的去背條文，當需要時隨時就可以拿出來查閱，這就很方便。

如果要瞭解過去跟未來而去學八字或學紫微斗數，有可能要花一段時間才能學得通，但手相就不必花太多時間就能學得不錯，所以各地方學院或私塾教手相的課程自然而然吸引很多學員參加，因為學會手相不僅可以瞭解本身的運勢及未來的展望外，尚可與親朋好友或客戶分享。

可藉由手相的學術論斷拉近彼此間的距離。

作者序

簡單的說：那個人不喜歡算命，所以用手相來算命，可以說是目前最直接能與人接近的手段，而且學手相也不必花太多的時間及浪費太多的金錢，況且筆者收集了最簡單易懂的手相資料，用眞人手相彩色印刷的方式來表現且用最簡潔的語意表達出吉凶狀況，讓各位讀者很容易了解，一看就懂，省去背誦時間。

本書採用最簡易的表達方式

讓您永遠將老師帶在身邊做您的靠山；結論是縱然得知手相吉凶後千萬不要太宿命，如果發現有不佳之手相時只要記住手相是會改變的，只要心存善念、多說好話、多做好事，好運一定會跟隨我們。

最後的建議，如果您覺得本書對您的人生變化有一點啓示或對您業務上有所幫助的話，請多買一本送給您的朋友或客戶，保證對您日後人際關係有很大的加分效果，這叫做花最少的代價獲得最大的收獲。

知己知彼、百戰百勝

不知己不知彼、每戰必敗

黃恆堉

2006.8月

目錄

Contents

星座及行爲傾向分析軟體安裝説明

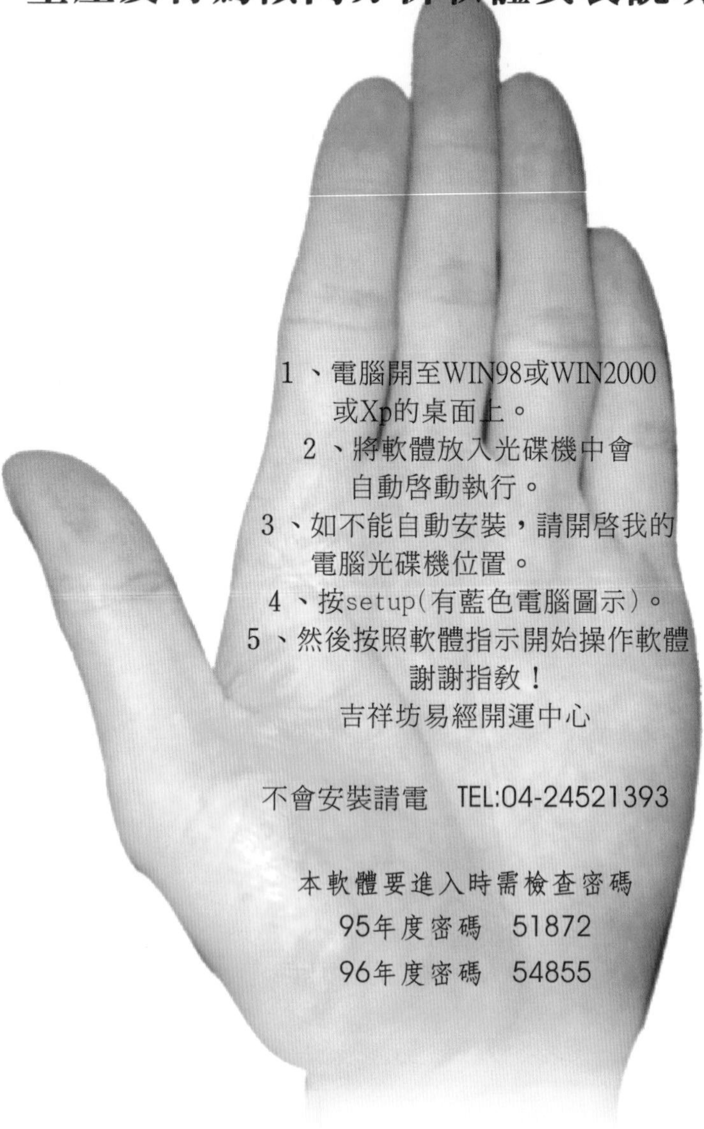

1、電腦開至WIN98或WIN2000
或Xp的桌面上。

2、將軟體放入光碟機中會
自動啓動執行。

3、如不能自動安裝，請開啓我的
電腦光碟機位置。

4、按setup(有藍色電腦圖示)。

5、然後按照軟體指示開始操作軟體

謝謝指教！

吉祥坊易經開運中心

不會安裝請電　TEL:04-24521393

本軟體要進入時需檢查密碼

95年度密碼　51872

96年度密碼　54855

本書附贈的算命軟體功能解說

以下有打◎均可使用預覽及列印(其他功能普及版才可執行)，有意購買實用版請洽04-24521393、0936-286531。

◎1、個人行爲傾向類型調查表
2、一生中最佳的工作夥伴是哪種類型
3、如何加強每個人績效的方法
◎4、各類型喜歡的生活環境是什麼樣子
5、對積極型的人，如何做行銷
6、對重細節與分析型的人，如何做行銷
7、對親切、樂觀型的人，如何做行銷
8、對耐心、穩重型的人，如何做行銷
9、由星座來談人際關係
10、從本身八字喜用神屬性談幸運顏色
◎11、以本身生肖屬性談幸運顏色
12、以本身陽宅命卦談幸運顏色
◎13、以本身星座屬性談幸運顏色
14、以一生綜合特性談幸運顏色
◎15、以血型加星座談一生特色
◎16、由各個星座來談人際關係
17、以星座來分析未來運勢吉凶
18、以星座談職業種類
19、由星座看性格及特性
20、由占星術談命中之定數
21、由出生日期談個性
22、由星座看情人及友人的速配度
23、由星座看夫妻婚姻間的契合度
24、由星座來談個性及潛能
25、由八字來談每年的每個月的財運狀況

本軟體非常適合個人或保險、傳銷、化粧品、內衣及各項服務業，因為本軟體是根據人類行為傾向學及命理學綜合研發而成的，如果擁有一套，對日後的運勢規劃或銷售業績會有很大的幫助喔！

行為傾向診斷（本書所附贈之軟體可自動診斷出）

您的個性、特色及行為傾向是屬於哪一種，請打✓

□.是一個善於傾聽、分析且得到認同的人
□.行事作風穩重、可靠是屬於穩紮穩打型
□.對事有耐心，凡事很堅持
□.具有專業技巧且能適時的發揮出來
□.是一個能夠安撫情緒激動的人，是愛心大使
□.做事想要立刻有結果
□.想到就會馬上採取行動
□.是一個勇於接受挑戰型
□.會使用權威來辦事
□.遇到困難一定會想辦法克服
□.您是一個能解決問題的人
□.有禮貌、有耐心，應對禮節恰當
□.當面對衝突時，態度含蓄且能間接化解問題
□.凡事會注重細節，仔細評估
□.會詳細分析所有事情，評估利弊及優缺點
□.重要且關鍵性的問題會很注意
□.檢查物品時，精確度要求很高
□.喜歡接觸人群且有熱忱服務的心
□.全身散發熱忱且很有愛心
□.口才流利，表達能力強
□.擅長營造激勵人心的環境，並注重情境
□.喜歡團隊活動並且能散發魅力
□.對的事情很快就會做決定
□.是一個會質問現狀的人
□.對人有愛心且願意付出，並幫助別人

□.對人及對事的忠誠度表現高
□.能夠創造和諧、穩定的工作環境
□.喜歡招待人，是一個公關人才
□.對人、對事樂觀也不會鑽牛角尖
□.做人親切和悅，能留給人一個好印象
□.對工作流程會儘量依標準程序
□.對於整個工作績效，能夠詳細分析
□.喜歡一貫化且有系統的作業流程

本書附贈之軟體將爲您分析出您的行爲傾向及特色是屬於哪一類型，積極果決型、親切樂觀型、耐心穩定型、重細節與分析型……當知道自己的類行後，在找夥伴或增員或行銷時就能得心應手了。

用本書附贈的電腦軟體就可判斷出您自己或朋友或客戶的類型，然後可知道他內心想要的及喜歡的環境感覺是怎樣，以便使我們對他互動或銷售時採取他最喜歡的感覺。

如果屬積極果決型

想要的及喜歡的環境是以下感覺：

◎如果能擁有權力與權威的環境最好
◎想掌握特權及接受全新的挑戰
◎有個人愛現的機會就會把握住
◎喜歡自由運作的空間不受人支配
◎回答很直接不拐彎抹角
◎爭取晉升的機會不落人後
◎不喜他人管理與監控，要有相當的自主權
◎思想創新，喜歡多變化的活動

如果屬親切樂觀型

想要的及喜歡的環境是以下感覺：

◎能受到人們的歡迎及肯定

◎辦事能力高並能受到表揚
◎工作能得到實際的實施，說到做到
◎工作之餘團體活動互動良好
◎作風民主，人際關係良好
◎不喜歡被細節干擾及受監控約束，能適時發揮長才
◎具有領導能力，可以引導問題原由，具協談溝通能力

如果屬耐心穩定型

想要的及喜歡的環境是以下感覺：

◎除非有良好的改變理由，寧可維持現狀，不喜歡隨便改變
◎例行性作業及工作安排拿捏恰當
◎工作時不影響家庭生活且注重家人生活品質
◎做人眞誠，常能受到眞摯的讚美
◎爲人誠懇付出，易被團體認同
◎工作不喜歡變化太大，喜歡標準化作業流程
◎個性溫和友善，會儘量避免跟別人衝突

如果屬重細節與分析型

想要的及喜歡的環境是以下感覺：

◎明確界定工作流程，要求注重品質及達到精確度
◎個性內向、保守，適合中規中矩的工作環境
◎一有機會就能展現專業長才
◎能掌握、控制影響工作因素，進而提升績效
◎好奇心很高、學習力強，能夠問「爲什麼」且找出問題點
◎重視專業表現，有專業熱誠

用普及版的電腦軟體就可判斷出您自己或朋友或客戶的類型，然後可知道他在工作夥伴上的選擇必須符合什麼樣的條件最好，以便能選擇最適合的夥伴。

積極果決型

在工作夥伴上的選擇上必須能符合以下條件最好

◎要一個能創造穩定環境的人
◎能針對事實做分析研究且講求數據的人
◎能評估事情利弊及優缺點
◎要會計算風險性的高低情況
◎行事要謹慎且不誇大
◎要能慎重做決定且不馬虎的人
◎隨時會注意別人的需要且有高度的熱誠

親切樂觀型

在工作夥伴上的選擇上必須能符合以下條件最好

◎要是一個專心注重於工作的人
◎在解決問題時對人不對事
◎做事喜歡採取有邏輯方式來進行
◎一切要勤於搜集實際資料的人
◎最好有話直說且不拐彎抹角的人
◎是一個重誠意且不喜歡虛僞的人
◎最好能建立一貫化有系統的作業流程
◎做事有始有終、有責任感的人

耐心穩定型

在工作夥伴上的選擇上必須能符合以下條件最好

◎會施加壓力給別人(因爲要求高的關係)
◎應變能力要佳，工作時不受突發狀況而影響
◎在工作優先秩序上有一定的規則及規範
◎最好具備有快速應變能力的人
◎對手邊的工作能勇於求新求變，不喜歡一成不變
◎可以同時進行許多事情且能夠一心多用
◎必須能夠自我推銷，表達能力強的人
◎對工作流程較有彈性，不會呆板行事

重細節與分析型

在工作夥伴上的選擇上必須能符合以下條件最好

◎對於重要工作的分派有能力完成的人
◎能與反對意見者達成協議並對事件妥協的人
◎能找出問題所在且能有效圓滿處理的人
◎能熱心、主動幫助團隊及完成各種討論的人
◎思想敏捷且能快速做決定的人
◎懂得「活」用策略的人
◎重視並鼓勵團隊完成工作的人
◎會注意別人的需要且重視他人的感受的人

用普及版的電腦軟體就可判斷出以下各項診斷結果，因內容很珍貴又很準確所以想要瞭解的朋友，請將本書買回去，就如同去學了一堂3000元的課程。

◎如何加強每個人績效的方法
◎各類型喜歡的生活環境是什麼樣子
◎對積極型的人，如何做行銷
◎對重細節與分析型的人，如何做行銷
◎對親切、樂觀型的人，如何做行銷
◎對耐心、穩重型的人，如何做行銷

俗語說：「知己知彼、百戰百勝。」如果您想在人際關係上博得別人的好感，或在做行銷上有更佳的話術以及更瞭解對方，本軟體可以幫您很大的忙喔！

以星座命卦屬性談顏色

白羊座的幸運色是：黃、紅色
金牛座的幸運色是：藍、綠色
雙子座的幸運色是：銀白色
巨蟹座的幸運色是：紫、銀色
獅子座的幸運色是：橘黃、金色

處女座的幸運色是：灰色
天秤座的幸運色是：淡藍、粉紅色
天蠍座的幸運色是：淡深紅色
射手座的幸運色是：深藍色
山羊座的幸運色是：咖啡色
水瓶座的幸運色是：綠色
雙魚座的幸運色是：粉藍色

經電腦仔細檢查後就能選出對您一生最有幫助的色系，所以建議您傢俱、車子、衣服、裝飾品、食物顏色……等等，能多用一點對自己有幫助的顏色。

請自我檢視這些年來的運勢順不順，如果順請不必理會顏色對我們的影響，如果不順，那恭喜您，表示電腦軟體論斷的顏色絕對是正確的，請您在平時的穿著打扮上稍做改變，相信坊間的顏色改運之說是有其道理的。

例如：一位男生或女生論斷出黑色是無幫助的顏色，偏偏又很喜歡穿黑色的西裝或裙子，怎麼辦？建議：男生可以加上一條有幫助顏色的領帶，女生則可以搭配有幫助顏色的皮包或領巾。

《顏色》為不同波長的光所組成，由我們的眼睛、感覺、觀想（宗教家所謂的第三眼）及皮膚等接收後，傳送到腦中，發生一連串的生物化學反應，使得人體的荷爾蒙及酵素等出現變化，對身體產生不同的影響，所以不同顏色的光，在我們的四周帶來不同的生理刺激回應，如肉體、精神、感情與行為等。一個在顏色不協調的環境中生長的人，會欠缺活力，容易發生維生素缺乏、荷爾蒙失調、失眠及情緒低落的問題。相對的，如果處於本命有利的顏色環境中成長的人，就會顯得朝氣蓬勃、活力充沛，充滿戰鬥精神，從而豐富生命。

◎影響命運的力量是什麼

一、先天命格
二、後天運程
三、陽宅風水
四、行功立德
五、讀書修業

◎當一個人衰運降臨時之特徵爲何

一、性情異常，脾氣暴躁
二、風水失運，家道不再
三、遷入凶宅，無端生災
四、經營困難，事業破敗
五、頻換工作，失業丟差
六、病藥不斷，意外傷殘
七、桃花婚變，畸戀情傷
八、生子忤逆，損丁散財

如發現有以上其一之現象發生時，請立刻做改變，有以下的改變方式：

◎轉變衰運之妙法是什麼

一、以五術命理之道來趨吉避凶
二、以止惡行善之道來廣結善緣
三、以先知聖人之道來破迷顯正
四、以精進忍辱之道來成就自我
五、以元亨利貞之道來安住身心
六、以觀音法門之道來解厄消災

顏色的改變就是以五術命理之道來趨吉避凶。

PS:本文摘錄至胡說草堂文化會館　胡九蟬大師之著作

窮人的習慣

有個故事，說的是一個窮人，很窮，一個富人見他可憐，就起了善心想幫他致富。

富人送給他一頭牛，叮囑他好好墾荒，等春天來了撒上種子，秋天就可以遠離「窮」字了。

窮人滿懷希望開始奮鬥。可是沒過幾天，牛要吃草，人要吃飯，日子比過去還難。

窮人就想，不如把牛賣了，買幾隻羊，先殺一隻吃，剩下的還可以生小羊，長大了拿去賣，可以賺更多的錢。

窮人的計劃如願以償，只是吃了一隻羊之後，小羊遲遲沒有生下來，日子又艱難了，忍不住又吃了一隻。

窮人想：這樣下去不得了，不如把羊賣了，買母雞雞生蛋的速度會快一些，雞蛋可以立刻賺錢，日子可以馬上好轉。

窮人的計劃又如願以償了，但是日子並沒有改變，又艱難了，又忍不住殺雞，終於殺到只剩一隻雞時，窮人的理想徹底崩潰。

他想：致富是無望了，還不如把雞賣了，打一壺酒，三杯下肚，萬事不愁。

很快春天來了，發善心的富人興致勃勃送種子來，竟然發現窮人正在吃菜喝酒，然而牛早就沒有了，窮人依然一貧如洗。

富人轉身走了。窮人仍然一直窮著。很多窮人都有過夢想，甚至有過機遇，有過行動，但要堅持到底卻很難。據一個投資家說，他的成功秘訣就是：沒錢時，不管再困難，也不要停止投資和積蓄，壓力會使你找到賺錢的新方法，幫你還清帳單。這是個好習慣。

有固定的儲蓄及風險管理就能萬無一失了

人一輩子靠認眞工作是不容易致富的，要致富需要靠理財，如果您一生中有一位好的理財規劃師那您要成功致富就不再那麼難了。

第一單元

手相、手指、指甲診斷法

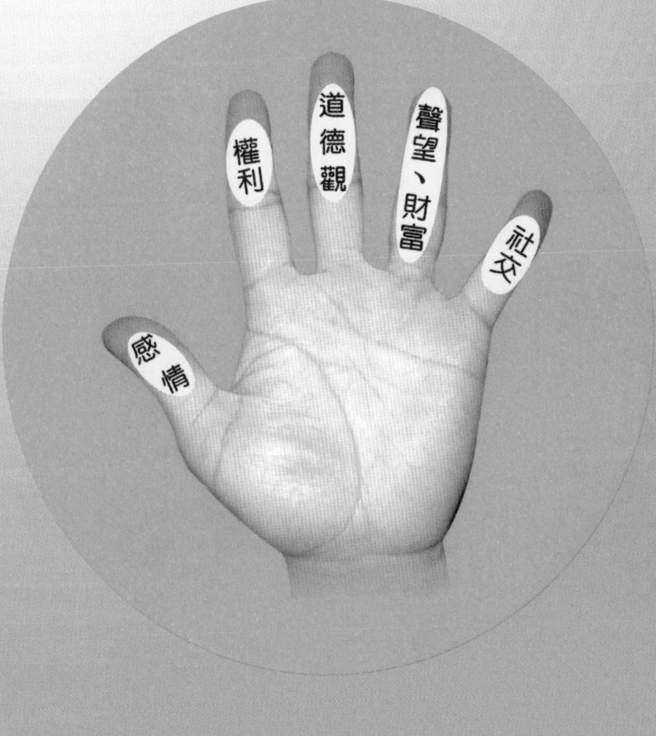

什麼是手相學？

顧名思義「手相學」就是一種觀看手相的一門診斷學，觀看手相可以根據「手型學」與「手紋學」來判斷，一個人的性格、運勢、特質、專業，甚至吉凶等等。

因爲手的粗細及紋路會隨著時間改變。所以可證明人除了八字不能改之外，運勢是會改變的，因爲手紋會隨著人生的歷練而有所改變。

當然也可以從手紋的變化來探討過去以及預知未來的運勢，好的手紋可以讓我們提早準備以迎接好的運勢，變壞的手紋可以讓我們事先做好預防。

所以學會手相可以讓我們當做一種人際互動學以及未來預知學，請您好好研究一番，把手相當做茶餘飯後的聊天話題，好像也滿不錯的喔！

手相要看拿哪隻手才正確？

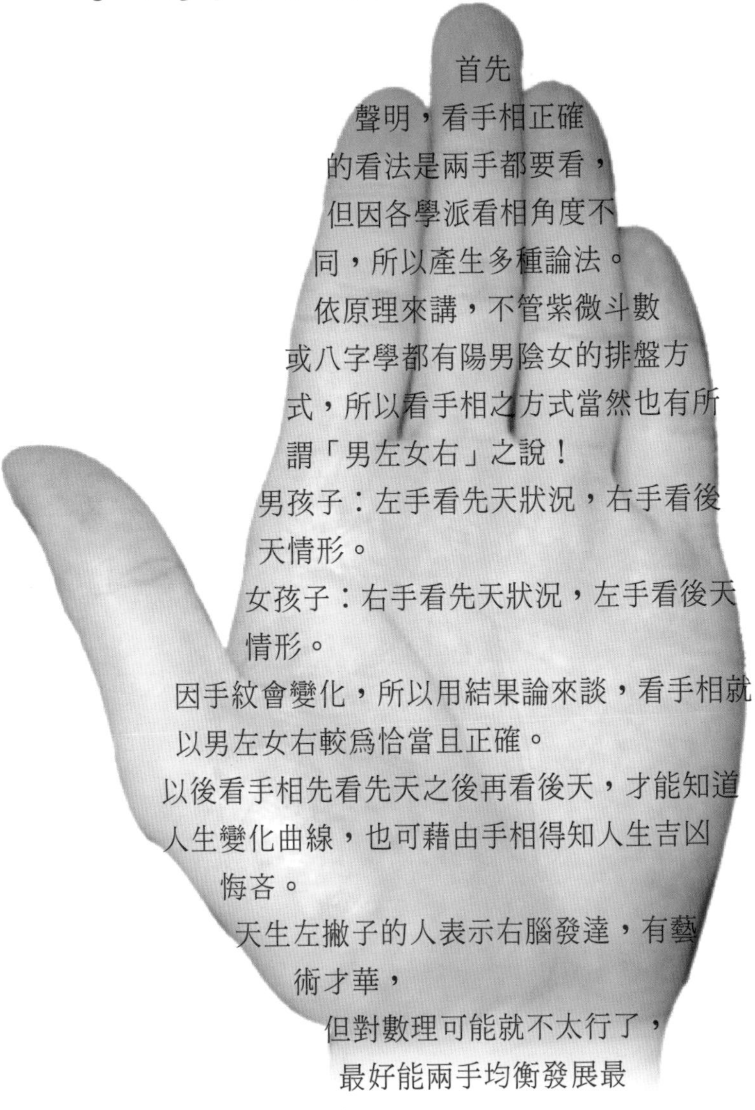

首先聲明，看手相正確的看法是兩手都要看，但因各學派看相角度不同，所以產生多種論法。

依原理來講，不管紫微斗數或八字學都有陽男陰女的排盤方式，所以看手相之方式當然也有所謂「男左女右」之說！

男孩子：左手看先天狀況，右手看後天情形。

女孩子：右手看先天狀況，左手看後天情形。

因手紋會變化，所以用結果論來談，看手相就以男左女右較爲恰當且正確。

以後看手相先看先天之後再看後天，才能知道人生變化曲線，也可藉由手相得知人生吉凶悔吝。

天生左撇子的人表示右腦發達，有藝術才華，但對數理可能就不太行了，最好能兩手均衡發展最好。

由手的外觀與觸感來分析！

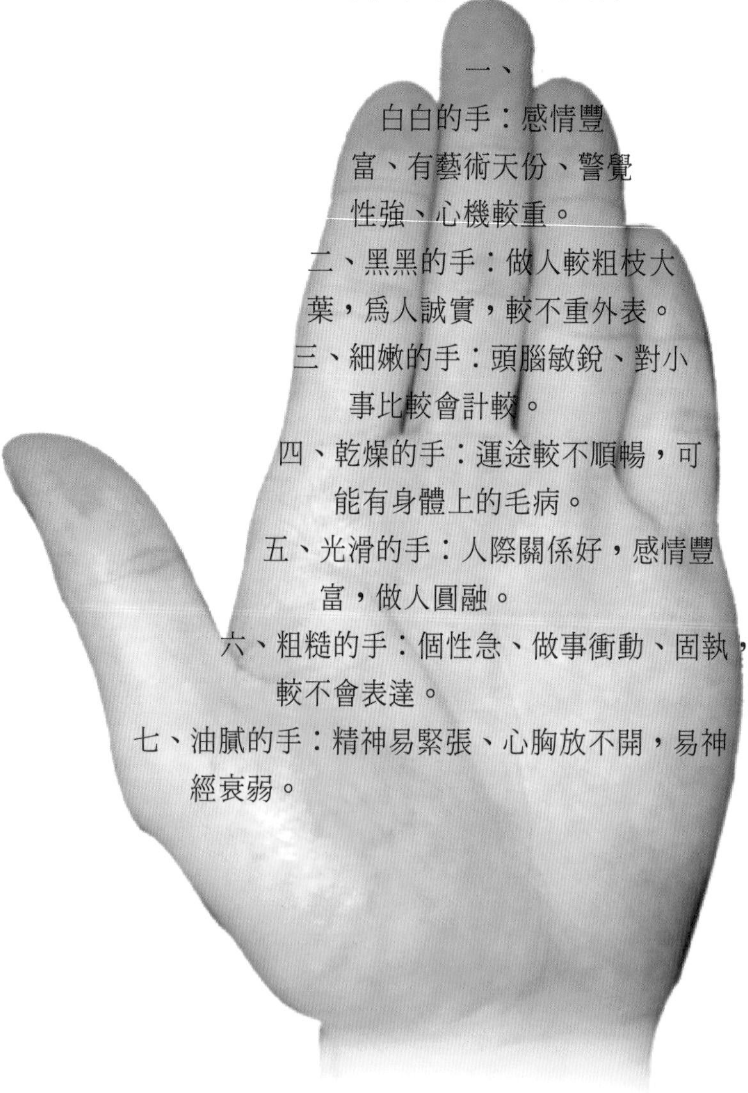

一、白白的手：感情豐富、有藝術天份、警覺性強、心機較重。

二、黑黑的手：做人較粗枝大葉，為人誠實，較不重外表。

三、細嫩的手：頭腦敏銳、對小事比較會計較。

四、乾燥的手：運途較不順暢，可能有身體上的毛病。

五、光滑的手：人際關係好，感情豐富，做人圓融。

六、粗糙的手：個性急、做事衝動、固執，較不會表達。

七、油膩的手：精神易緊張、心胸放不開，易神經衰弱。

兩手互握個性診斷法

請將兩手手指自然交叉相握

如果您的狀況爲：
右手拇指在上、左手拇指在下。

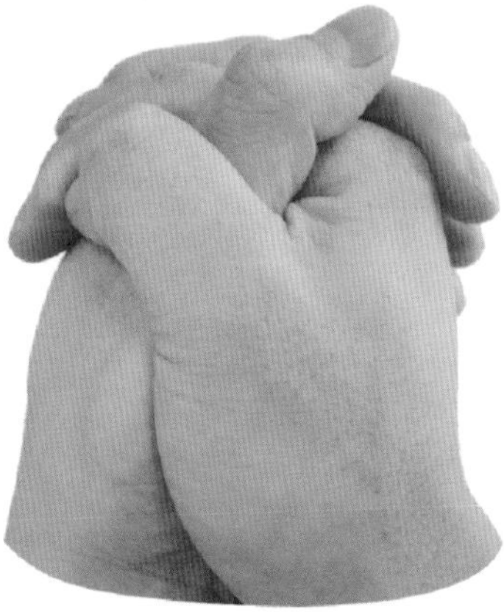

說明

兩手互握時右手的大拇指在上的人，在事情的想法上會比較理性，在價值上的判斷會比較現實。

兩手互握個性診斷法

請將兩手手指自然交叉相握

如果您的狀況爲：
左手拇指在上、右手拇指在下。

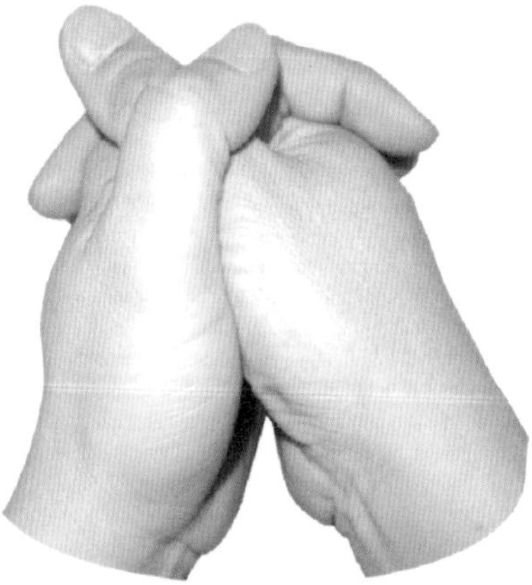

說明

左手的大拇指在上的人，個性上是比較有特殊想法，喜歡與別人不同，講求自我風格的理想主義者。

每根手指代表的意義

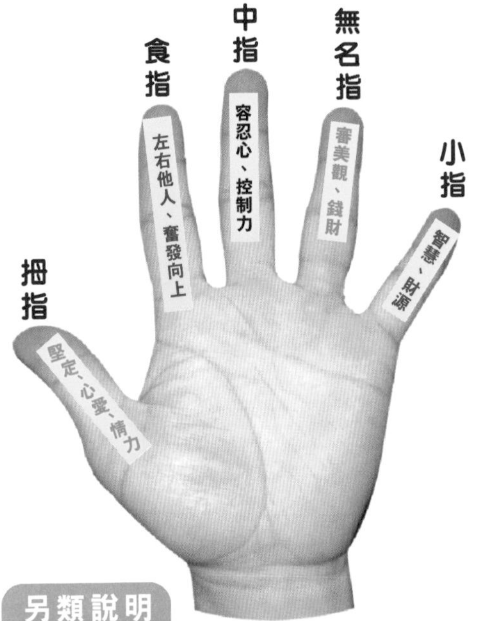
中指
容忍心、控制力
食指
左右他人、奮發向上
無名指
審美觀、錢財
小指
智慧、財源
拇指
堅定、心愛、情力

另類說明

戒指戴法的含義

國際上所流行的戴法：

食指－想結婚，表示未婚。

中指－已經在戀愛中。

無名指－表示已經結婚。

小指－表示獨身。

每根手指代表的意義

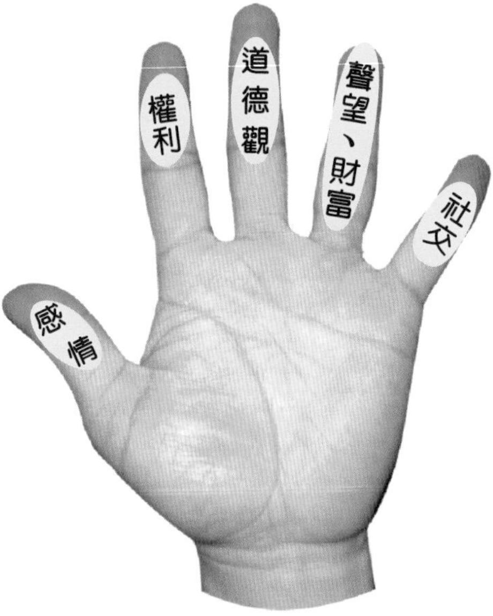

另類說明

戒指戴法的含義

開運的戴法：

食指—求事業。

中—指求婚姻。

無名指—戒桃花。

小指—防小人。

手指長度特性診斷法

A.拇指長的人

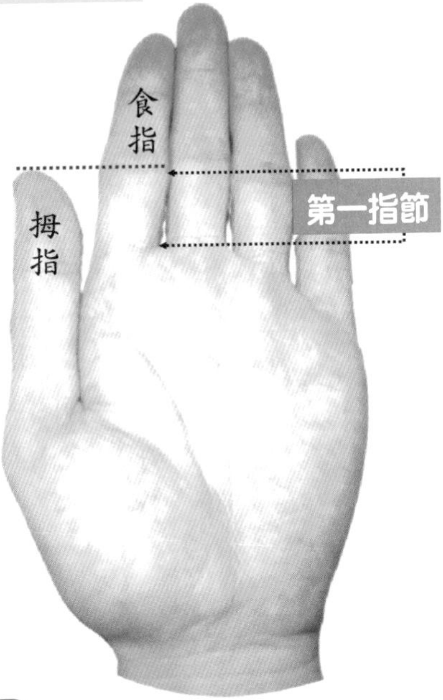
在食指第一指節中間段的上半段內
食指
拇指
第一指節

說明

意志力比別人強，天生就具有強烈的領導才華，做任何事情不喜歡被拘束，也絕不輕易認輸。

手指長度特性診斷法

B.拇指長度標準的人

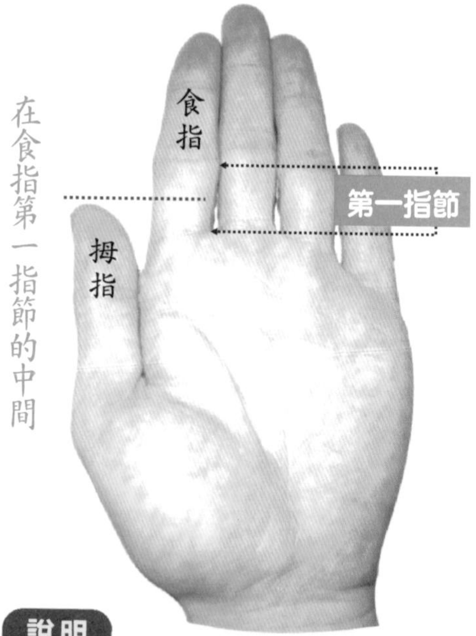

說明

個性很理智，具有冷靜的判斷力，做任何事情都能拿捏到恰當好處，是屬於一個很務實且腳踏實地的人。

C.拇指短的人

在食指第一指節中間段的下半段內

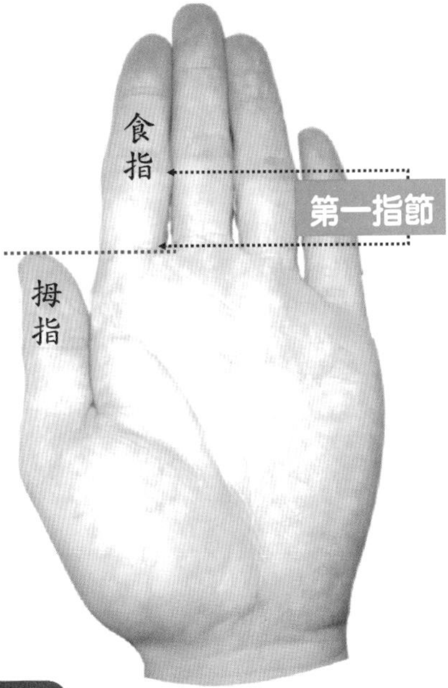

說明

較幼稚、懦弱及依賴，做任何事情比較沒有主見，挫折感也很重。卻是個鬼靈精怪，創意及鬼點子特別多。

手指長度特性診斷法

A.食指比無名指長的人

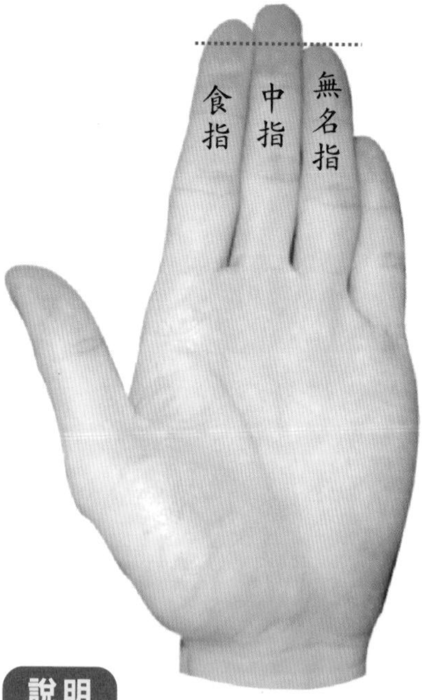

說明

好面子、愛表現、好勝，有王者風範，領袖型人物且很有責任感，喜歡照顧弱小，不畏強權。

B.食指跟無名指的長度相同的人

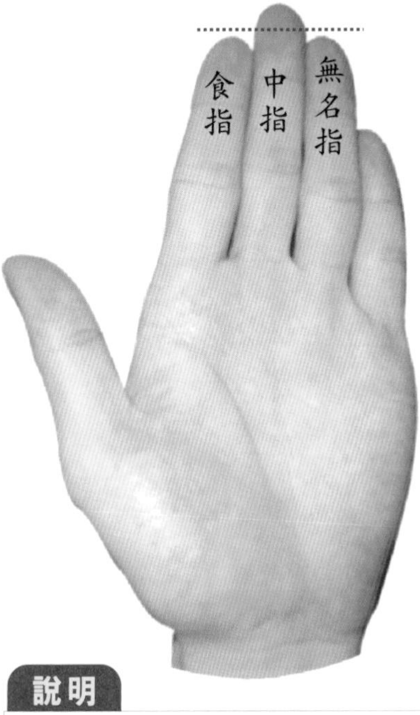

說明

悶騷型，但有個性，性格也較孤僻，不善交際且嫉惡如仇，自我防衛心更是強烈，所以人際關係比較不好。

C.食指比無名指短的人

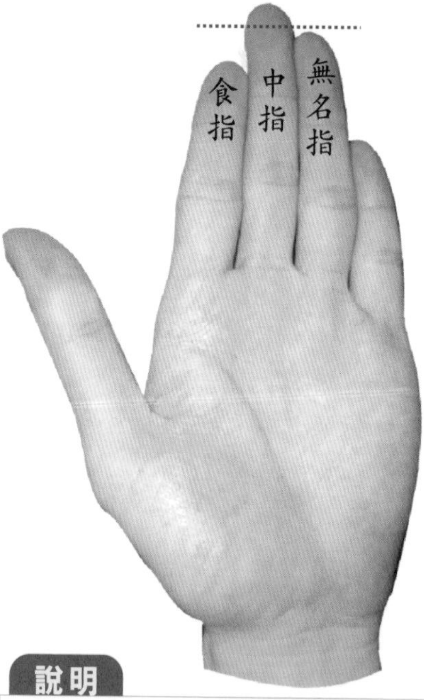

說明

為人親切、處事圓融，通情達理，在新的環境馬上能與人打成一片，其缺點就是欠缺判斷能力。

手指長度特性診斷法

A.中指特長的人

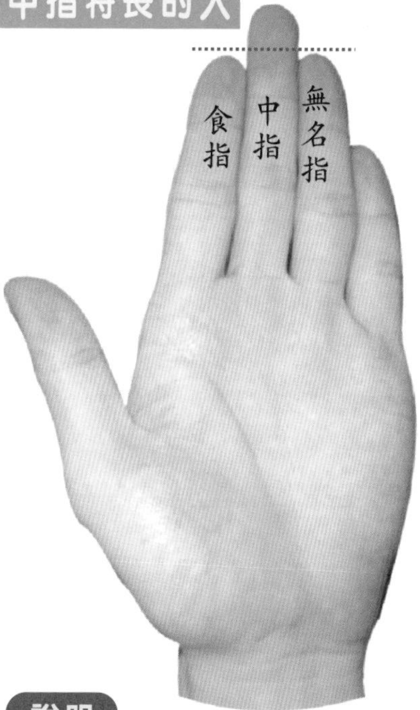

說明

易有自閉的傾向，總會對芝麻小事耿耿於懷，不輕易相信別人，悶悶不樂，只要敞開心胸，可有一番作爲。

手指長度特性診斷法

B.中指長度均衡的人

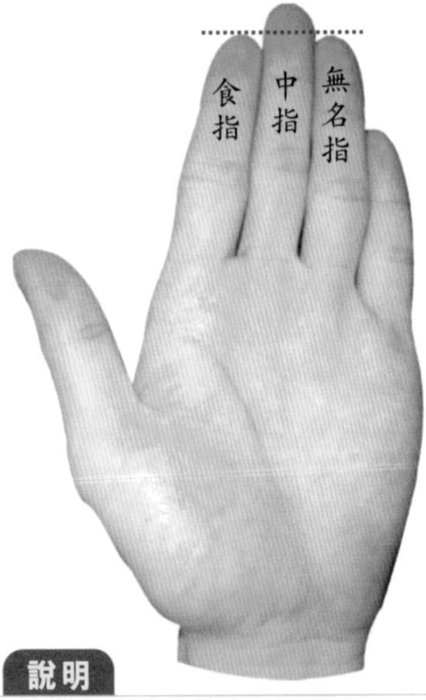

說明

相當的注重面子及別人對他的看法，喜歡打扮，希望衆人目光都在他的身上，更是很注重名譽地位的人。

C.中指長度短的人

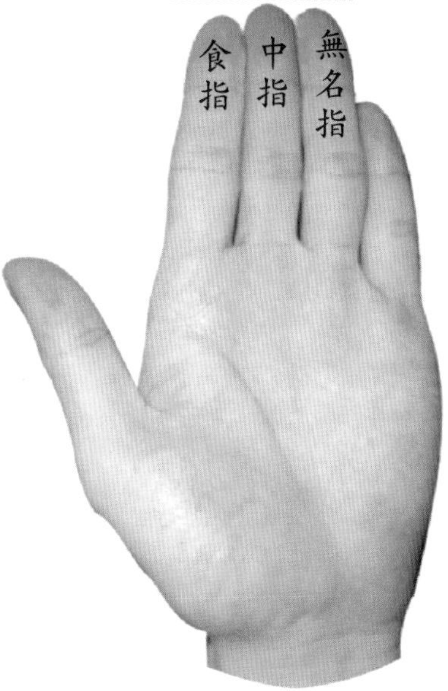

說明

這種人幾乎都會很有錢，比較會獨善其身,自掃門前雪,以自我爲中心,欠缺正義感,標準的鐵公雞。

手指長度特性診斷法

A.小指長的人

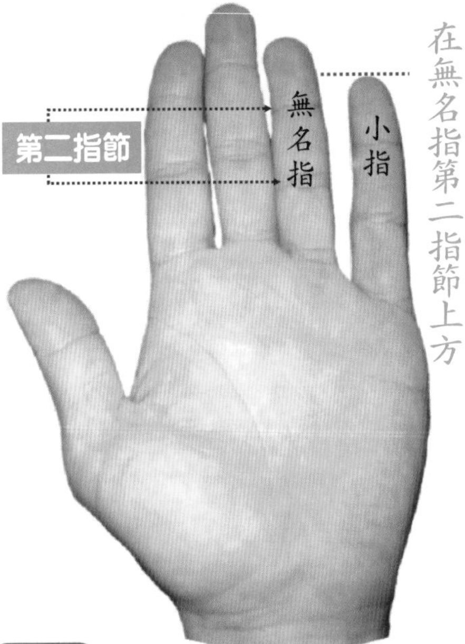

說明

天賦異稟、多才多藝，充滿藝術細胞，外表更是出眾，且能吸引異性目光，對異性更具魅力，桃花不斷。

手指長度特性診斷法

B.小指長度均衡的人

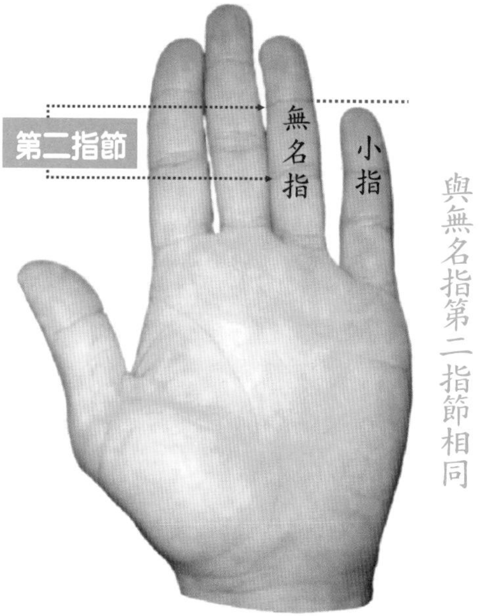

說明

這種人較追求穩定的生活，不僅工作要穩定，感情也要穩定，思想與行爲上也較成熟，個性較保守。

C.小指長度短的人

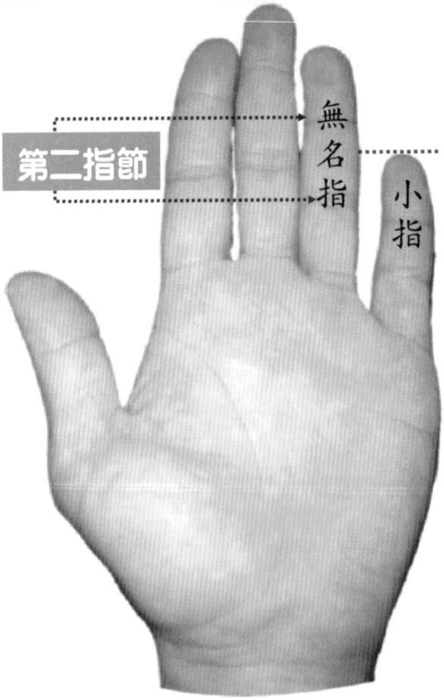

說明

這種人特別會有不婚主義的情況,不喜歡被家庭給綁死,就算結了婚,也不一定會生育小孩。

伸手就能判斷個性

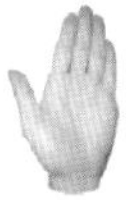

一.五指全部張開

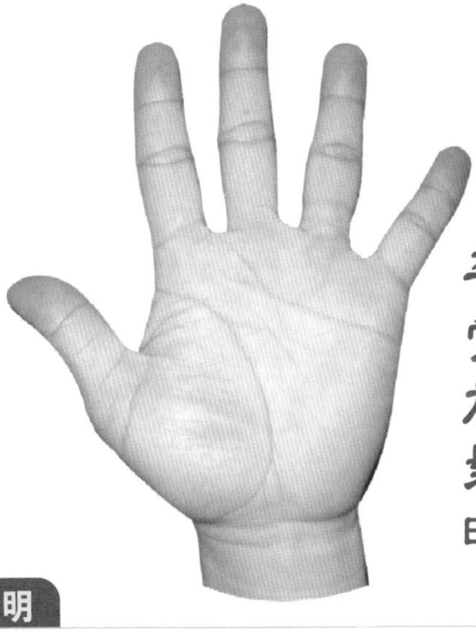

平常放鬆時

說明

性格活潑、外向，不拘小節,富行動力。做事主動、積極。五指稍微張開的人,成熟穩重，較固執，但做事踏實，待人誠懇，負責任心，值得信賴。

伸手就能判斷個性

二.五指略爲收縮

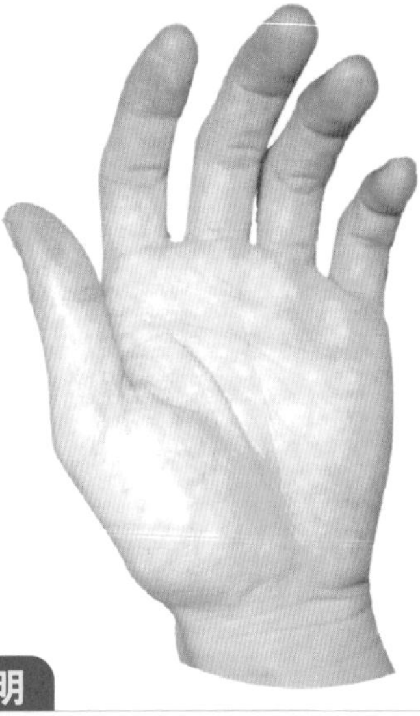

平常放鬆時

說明

手指略爲向內緊縮的人，這種人很適合作生意，因爲天生就具有賺錢的頭腦，個性較爲保守、小心、節儉，具備超高商業的手腕，能屈能伸，只要好好善用，錢途無可限量。

三.五指全部併攏

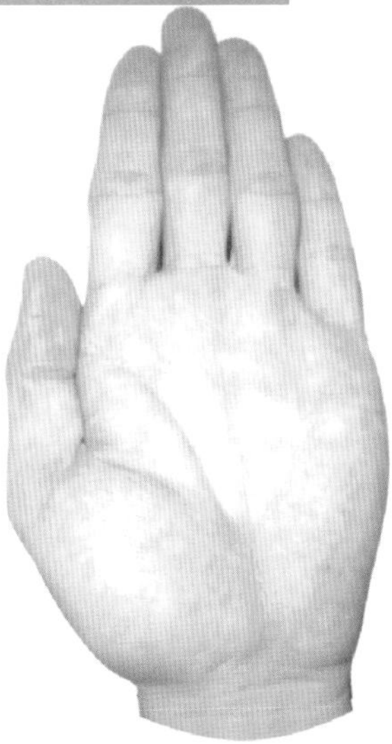

平常放鬆時

說明

伸手時，五指緊密合併，這種人性子急,容易精神緊繃,凡事再三思考，要求事情一定要做到自己滿意，若不是自己有所計劃或有把握的事,絕不會輕易去做。

四.拇指單獨離開，其餘四指緊密合併。

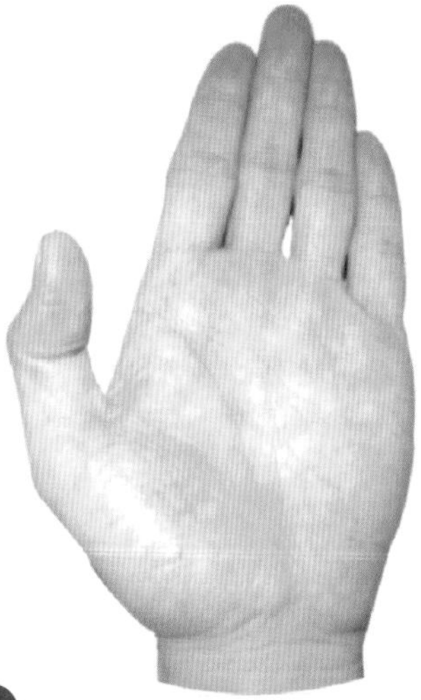

平常放鬆時

說明

這種人外表炯炯有神，頭腦敏銳、反應快，對人謙虛、有禮貌，更善於拿捏事情輕重，做事井然有序。金錢方面不虞匱乏，有理財頭腦，勇於冒險，小心求證，用小錢賺大錢。

五.食指與中指有間隔，其餘的手指併攏。

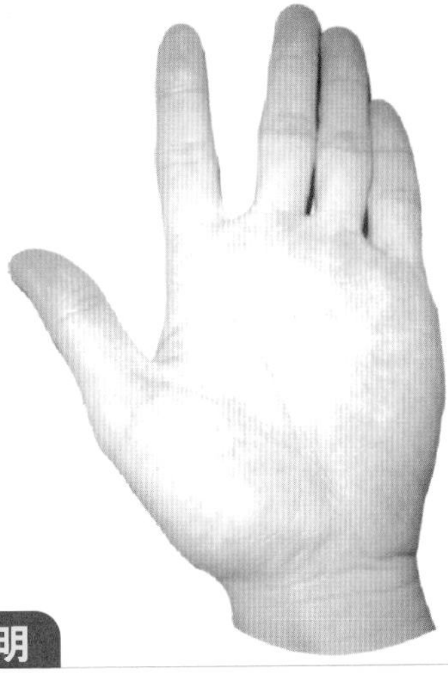

平常放鬆時

說明

中指與食指分開，這種人很有主見，比較自大，認為自己就是最強、最厲害的，較不能接受別人的批評跟意見。一般適合從事高層工作，扮演領導的角色，當主管絕對稱職。

六.中指與無名指留有間隔，其餘的手指併攏。

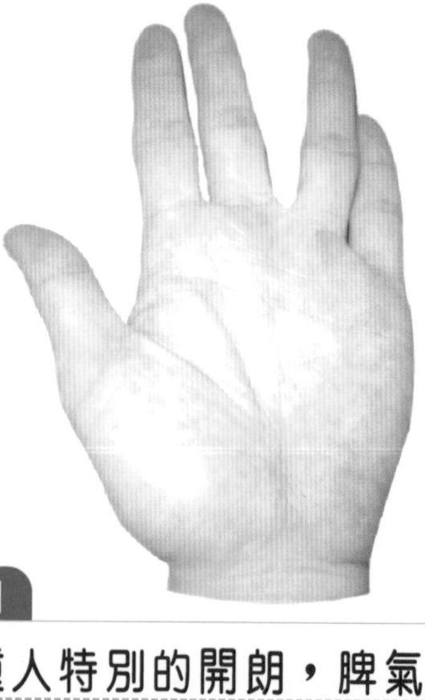

平常放鬆時

說明

這種人特別的開朗，脾氣好、人緣好、好相處、積極樂觀，身邊的貴人特別多，雖然會遇到一些困難的事情，但也很快順利過關，一生將吃苦當做吃補，容易成功。

七.無名指與小指分開，其餘手指併攏。

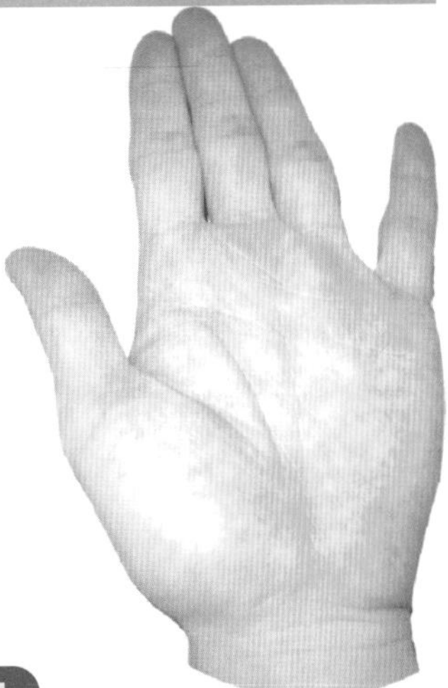

平常放鬆時

說明

這種人看起來相當成熟、穩重，能獨當一面，決定事情會再三考慮,三思而後行，絕不魯莽行事,喜歡無拘無束的生活，行事不想被管太多，生活不想受拘束，會有點任性。

長指甲

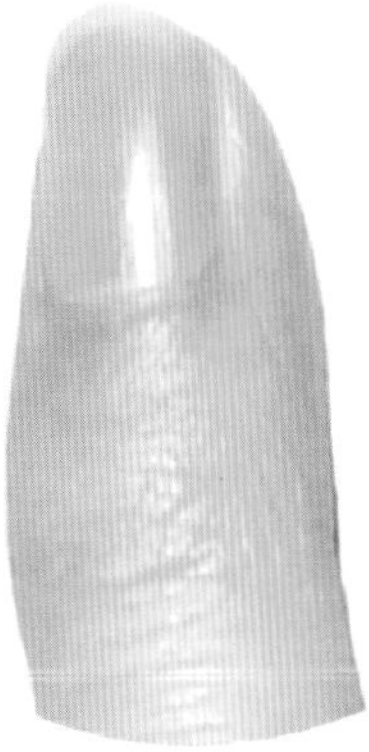

說明

指甲修長的人喜歡漂亮，具有藝術特質,略有神經質。身體部分:呼吸系統、胃腸系統較弱，對自我要求很高，凡事追求完美。
這輩子可從事音樂、美術、設計等方面的工作。

短指甲

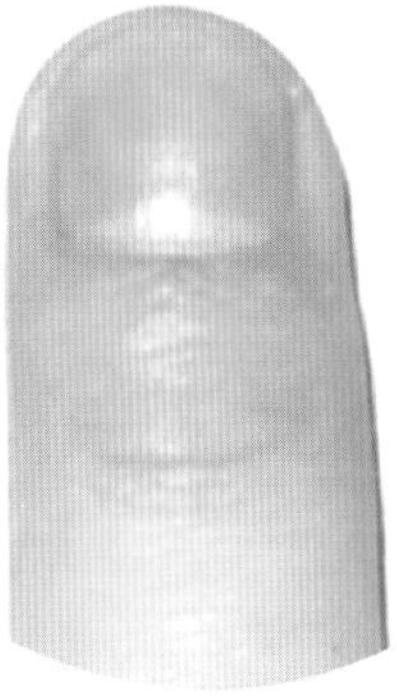

說明

做人比較實在，忠厚老實。身體健康、體力好。腦筋好，工作認真，有責任感，適合從事新聞傳播及研發相關等工作。個性：心直口快，缺乏幽默感，容易得罪人或不肯屈就他人。

圓指甲

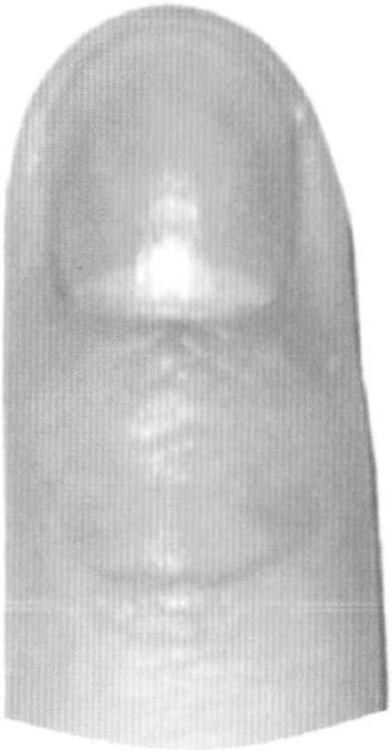

說明

圓形指甲的人，熱情且開朗，無憂無慮，對任何事情也比較不會去計較。沒有金錢觀念，缺乏自制力，心地善良，很容易相信別人,小心因被騙而導致心理鬱悶,影響身體健康。

橢圓形指甲

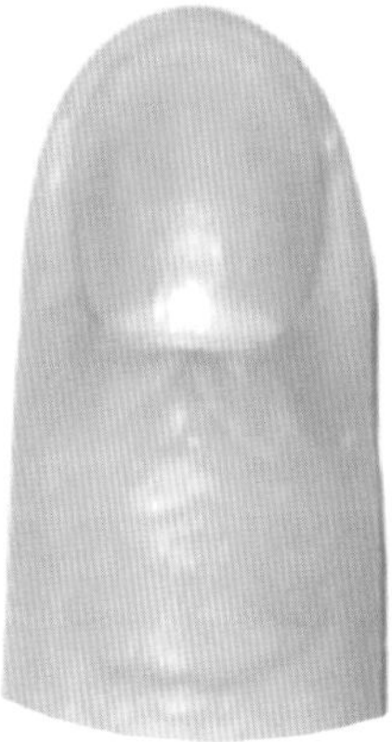

說明

橢圓形的指甲,是最漂亮的指型。為人熱情且很有人緣。適合從事有關美的工作。很注重外表,因此容易被欺騙感情。工作上缺乏耐性,但只要是自己喜歡的工作,都會盡全力去完成。

扇形指甲

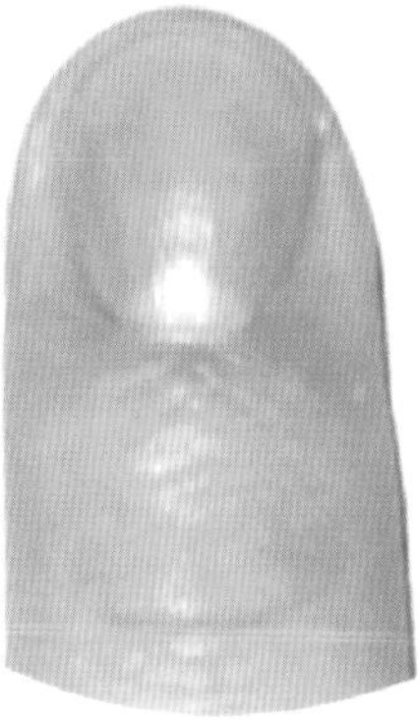

說明

指甲呈扇形張開的人佔少數，因爲這種人個性比較詭異，思維邏輯也比較特別，甚至超乎常人的方式，做事獨斷獨行，很難與一般人融洽相處,容易與人有爭執,放下己見則會有大作爲。

四方形指甲

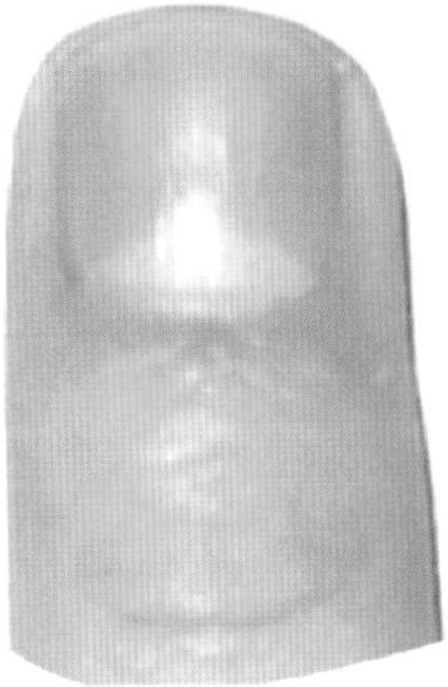

說明

個性樸實。缺乏浪漫的情趣，是一個很專情的人。對於分內的工作定能盡心盡力去完成。待人誠信,雖然有些古板、老氣,仍受到朋友、親人的肯定。很會賺錢，不愛花錢，要加強投資理財喔！

由指甲來判斷個性

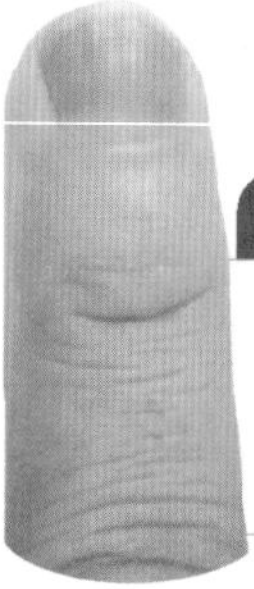

說明

指甲色黑，
腎功能不好。

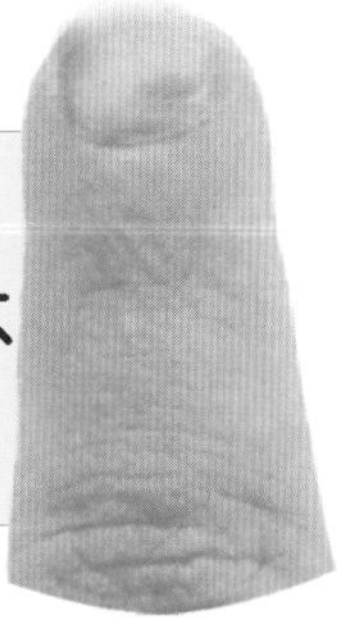

說明

指甲枯黃、粗、
硬者，肝功能不
好。

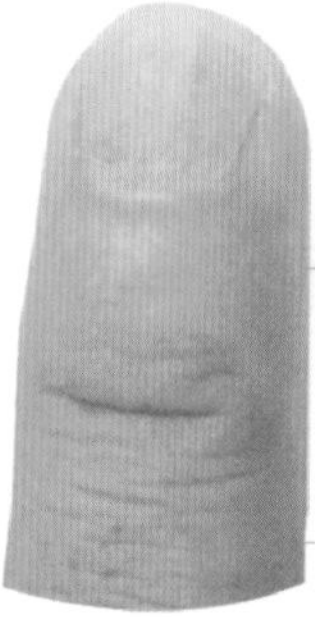

說明

指甲色青，
筋骨不好。

由指甲來判斷個性

說明

指甲光滑，有月牙者，身體健康。

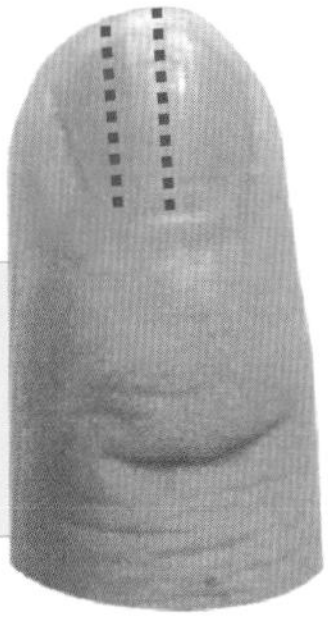

說明

指甲有直紋，肺功能弱。

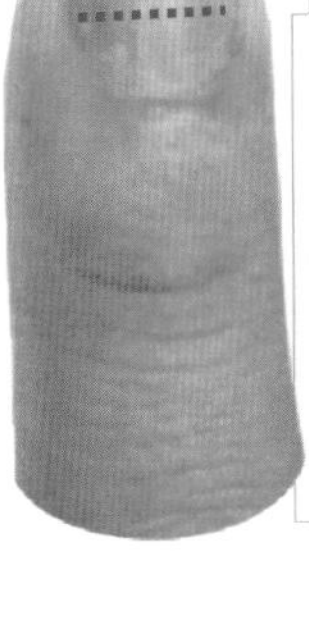

說明

指甲有橫紋、橫凹、軟薄者，心臟、血液循環不好。

尖頭型

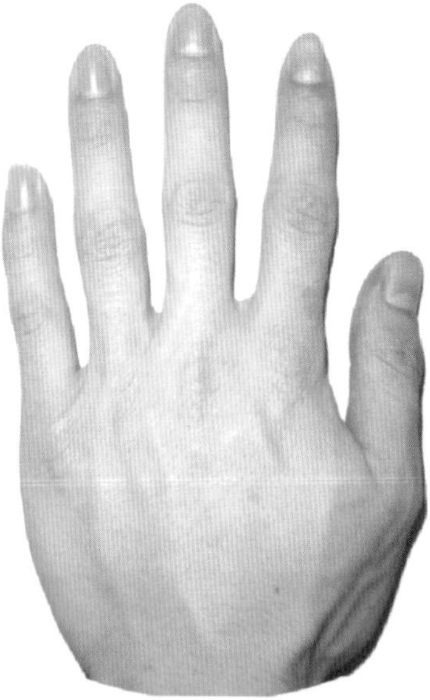

說明

腦筋聰明、做事細心且有耐心、直覺敏銳，喜歡幻想、多愁善感，情緒不穩定，讓人有種高不可攀的感覺。

圓錐型

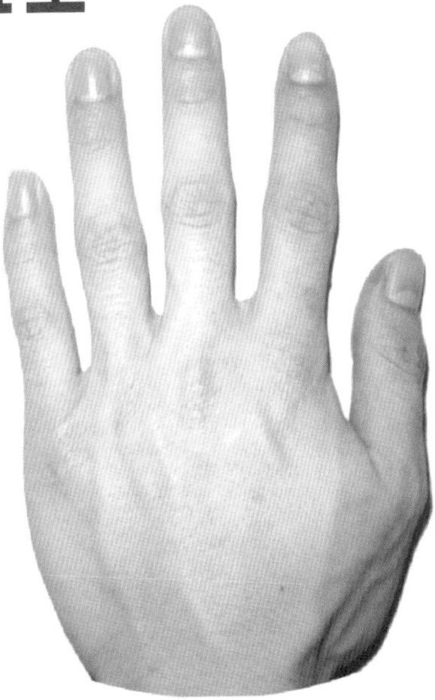

說明

爲人八面玲瓏、親切、活潑、大方，人際關係良好，社交型的性格，適合從事銷售業及服務業方面的工作。

刮勺型

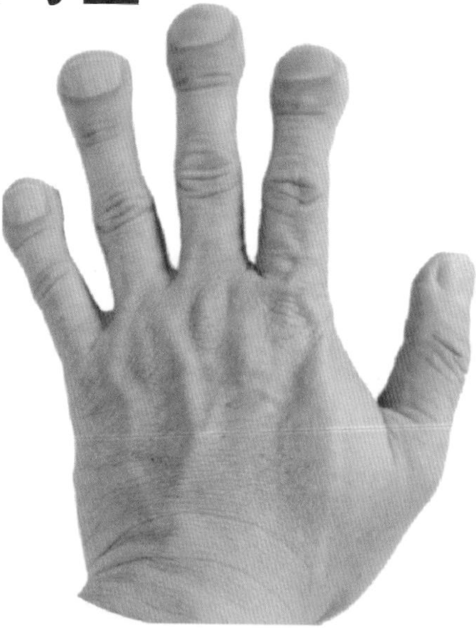

說明

喜新厭舊，鬼頭鬼腦筋、點子多、有創意，個性積極，充滿活力，霸道、強勢，很有野心，常常自以爲是。

結節型

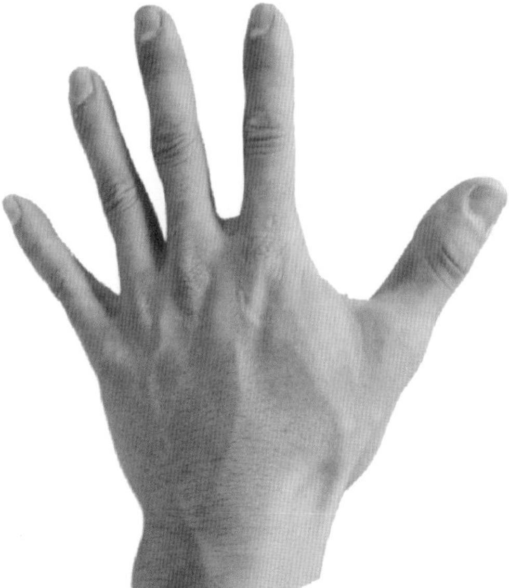

說明

有點神經質,很會分析事情,每件事都能把它變得很有條理,不會但又想知道的事情,一定要把它學會、搞懂。

原始型

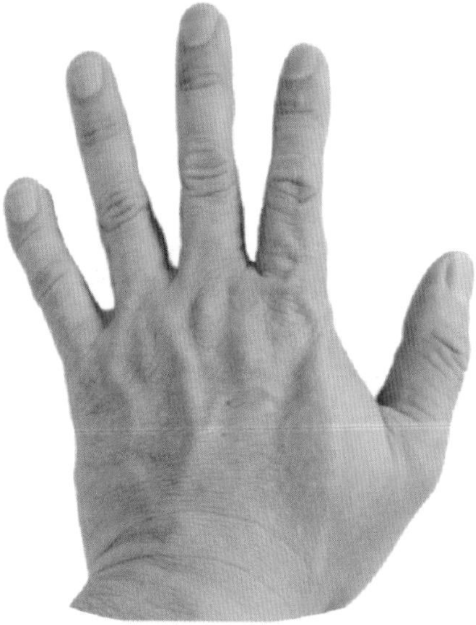

說明

是一位對工作很有熱忱的人，個性非常「古意」、正直、誠實，太深奧的東西腦筋會轉不過來，請饒了我吧！

第二單元

丘與手紋診斷法

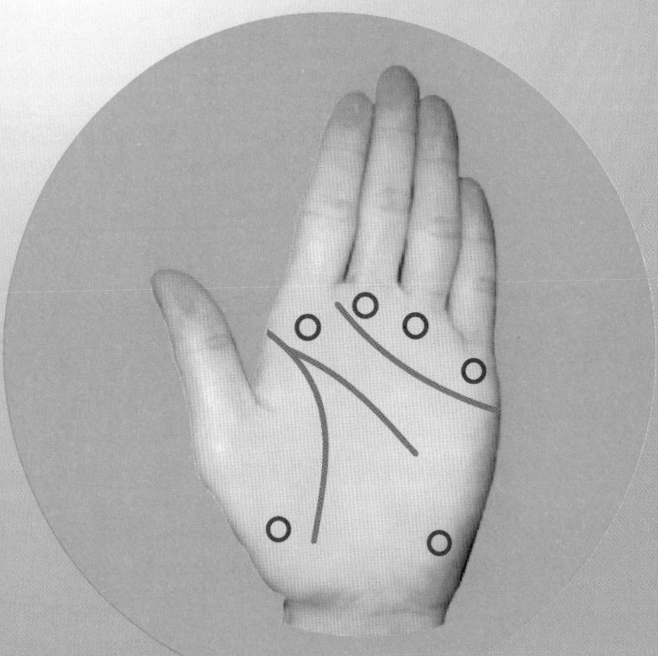

各類手紋線代表意義

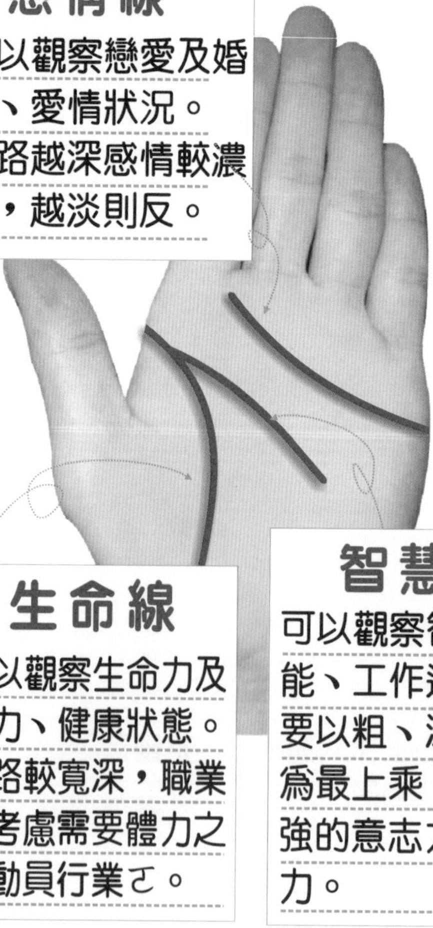

感情線

可以觀察戀愛及婚姻、愛情狀況。紋路越深感情較濃厚，越淡則反。

生命線

可以觀察生命力及體力、健康狀態。紋路較寬深，職業可考慮需要體力之運動員行業ㄛ。

智慧線

可以觀察智慧及才能、工作運。此線要以粗、深、清晰爲最上乘，有著很強的意志力及決斷力。

各類手紋線代表意義

智慧線明顯者

適合專門技術性動頭腦或者特殊的行業。參加益智遊戲能得獎。

感情線明顯者

適合從事服務業，當護士、看護等。男士擇偶可觀看此線，是愛心的表徵。

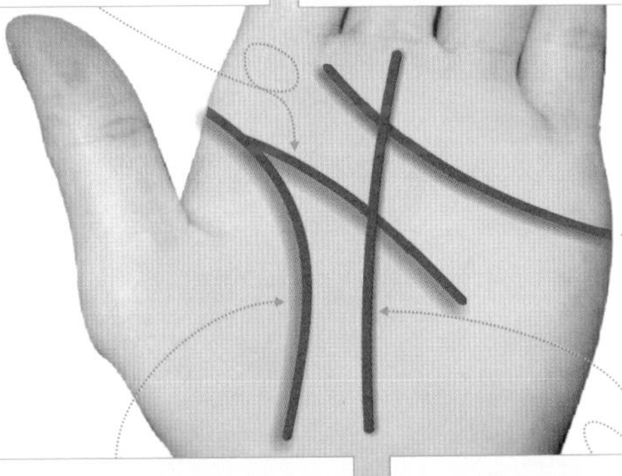

生命線明顯者

工作性質適合消耗體力的工作。如相撲、運動員。

命運線明顯者

任何工作都適合並會成功，線條直沒雜紋。

各類手紋線代表意義

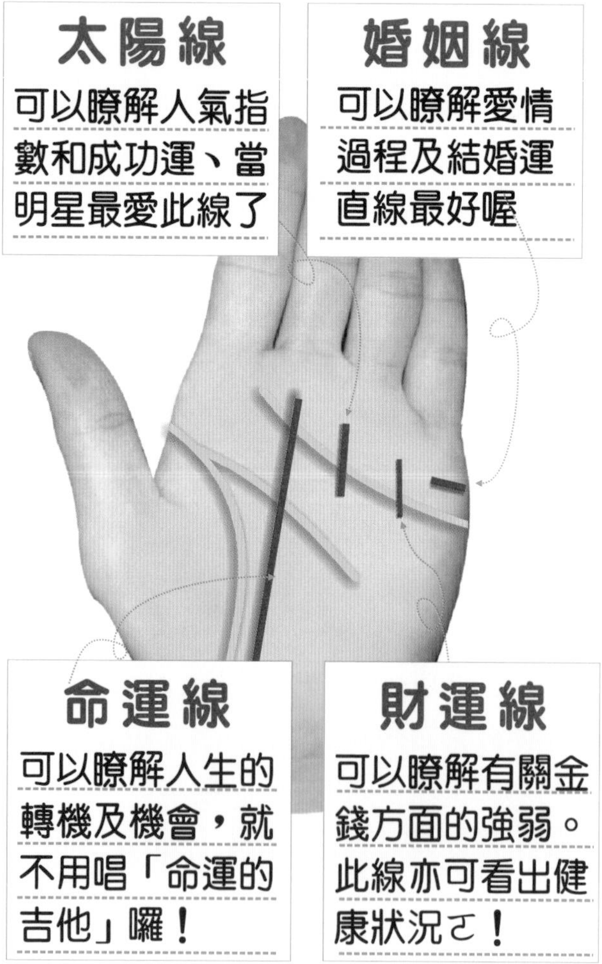
太陽線
可以瞭解人氣指數和成功運、當明星最愛此線了
婚姻線
可以瞭解愛情過程及結婚運直線最好喔
命運線
可以瞭解人生的轉機及機會，就不用唱「命運的吉他」囉！
財運線
可以瞭解有關金錢方面的強弱。此線亦可看出健康狀況ㄛ！

各類手紋線代表意義

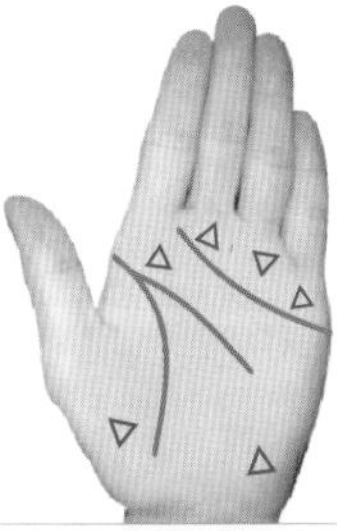

三角紋

出現此紋表示運勢減弱、好運不再、阻礙困難接連而來。

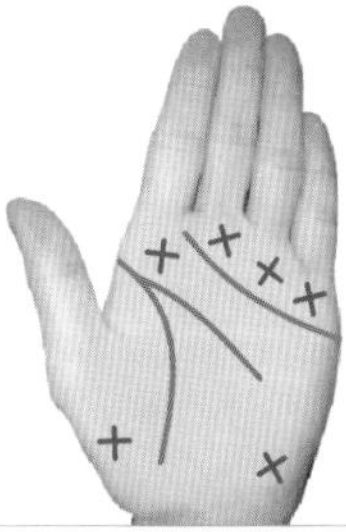

X字紋

出現X字紋是困難發生的時候，不幸、失敗、困苦接踵而來。

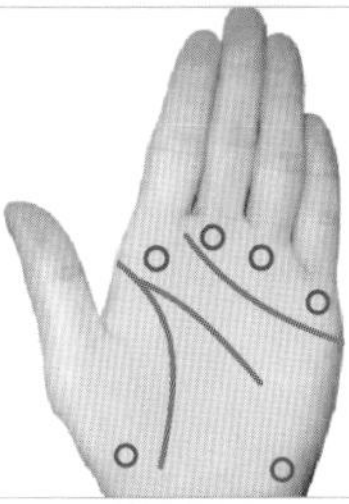

環紋

有重大變化，被困難包圍，難以掙脫，決心要強。

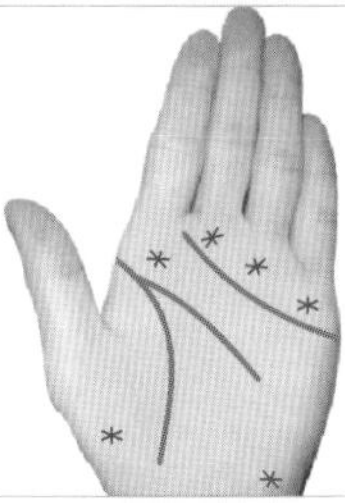

星紋

在掌心內是吉相，其餘表凶相，所以以掌中星是好的。

各類手紋線代表意義

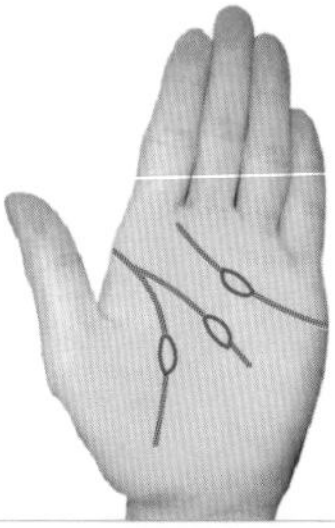

島紋

不順心或遭遇麻煩會顯現此紋，有困難及阻礙。

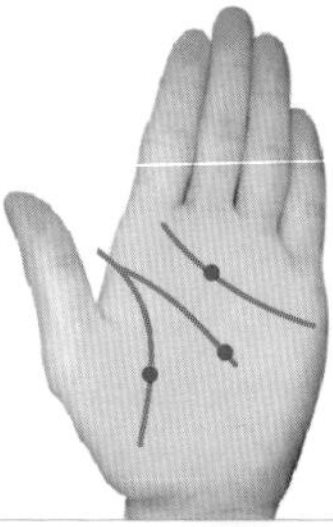

點

此紋出現時，有疾病及凶兆顯現，也有三個點圖案。

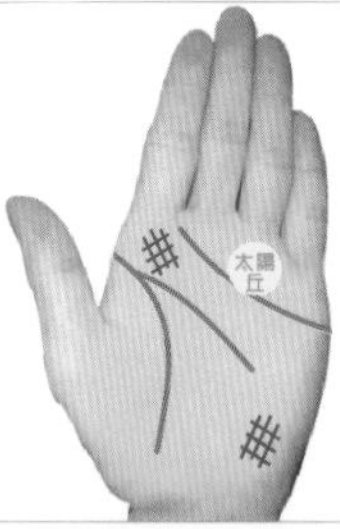

格子紋

運勢低弱，會有意外或疾病，但可復原，此時最好靜待時機。

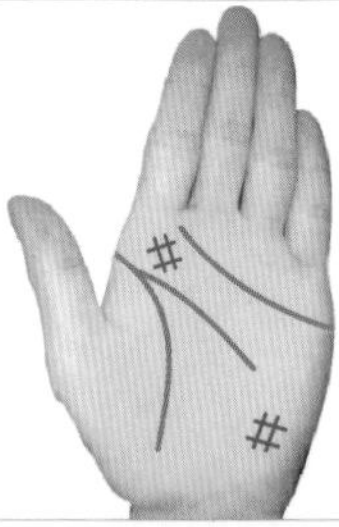

井字紋

較容易受阻，但可以從困難中掙脫出來，突破後就會順暢了。

各類手紋線代表意義

說明

食指根部有斜紋，較易犯小人，一般人都會有,要是多於四條,容易招忌、毀謗。

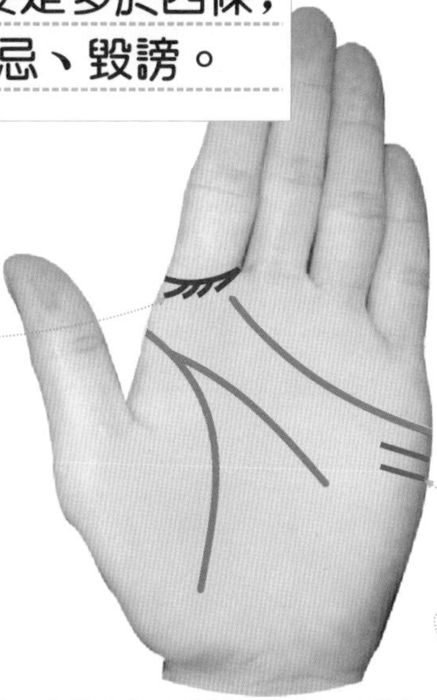

說明

在感情紋下面部位一條和感情紋平行的線，個性倔強，不屈不撓，思想偏差的人，較易成爲社會的問題人物。

各類手紋線代表意義

說明

在大拇指的第二節，不論橫紋或直紋，紋越多表示錢財累積越多。自己劃的不算ㄛ！

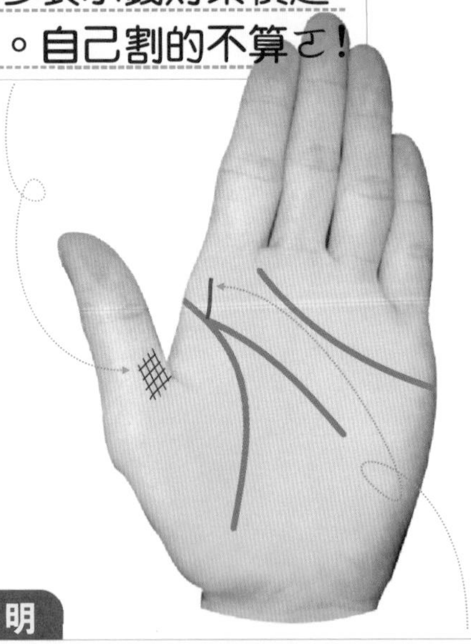

說明

生命線上往上升的紋，表示努力會有成果；若在生命線起點往食指上升叫「好運紋」，有好運紋的人，運氣一極棒。

各類手紋線代表意義

說明

在無名指和小指指縫下斜斜的兩條紋，表示這個人有研究，創作的才能，可以從事研究或寫作、繪畫，一定有成就。

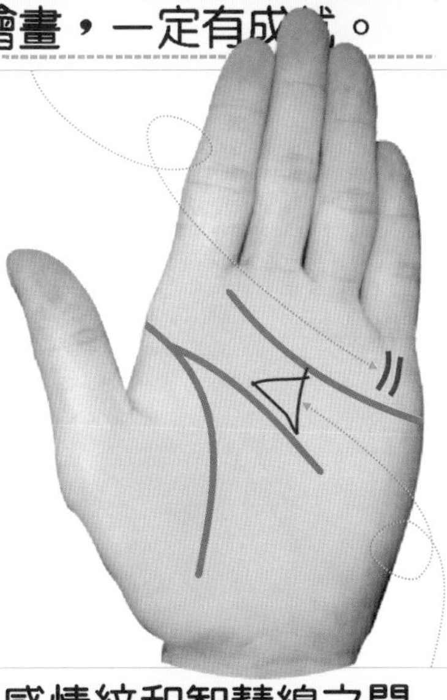

說明

在掌心，感情紋和智慧線之間，如有△字形之紋稱爲神秘△字紋，表示喜歡研究哲學、玄學、宗教的事。

各種特殊的細紋

說明

上叉線

吉祥之手紋，可以扭轉目前的劣勢，蒸蒸日上。

簽約談case可參考此線。

說明

下叉線

末端後繼無力，節節衰退，會影響原有的好運勢，是凶相，須預防及注意。

各種特殊的細紋

說明

斷線

中斷的手紋，有停止、停滯、無法向前的意味，容易會有意外或不好的事情發生，最好休息一下再出發。

說明

鎖鏈紋

會有轉變糾纏或麻煩的事情一直延續發生，很難解決，不要急，慢慢來吧！

各種特殊的細紋

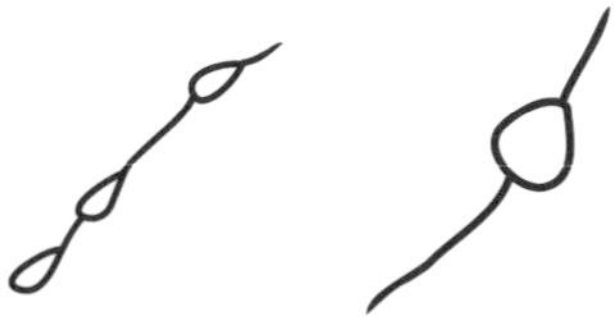

說明

連鎖島紋

阻礙、困難重重，想要做的事情總是無法順利完成，一步一腳印會有成果的。

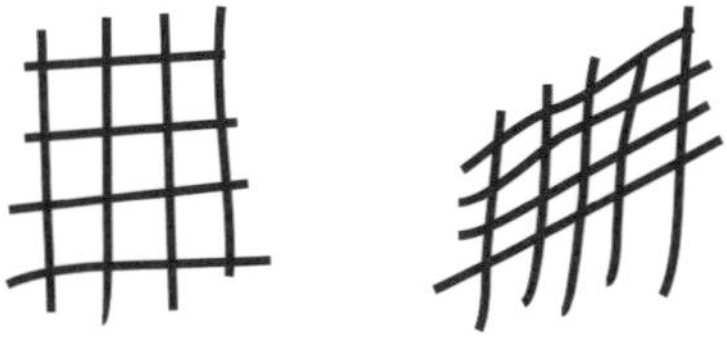

說明

網格紋

運勢會減弱，較不好的時候特別容易有意外或疾病發生、相對復原能力也很強。

各種特殊的細紋

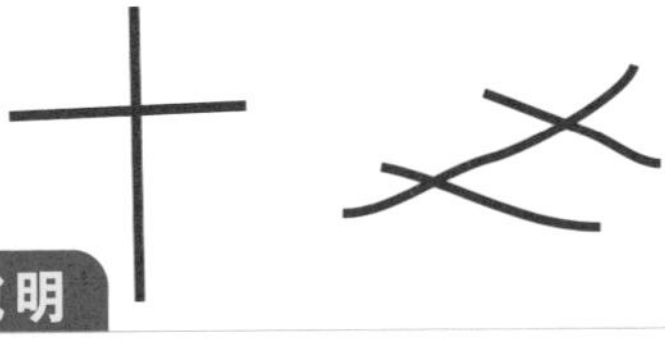

說明

X字紋

只要出現X字紋就是困難發生的時候，無助、不幸失敗、懊惱……不要擔心，放輕鬆，雨過會天晴的。

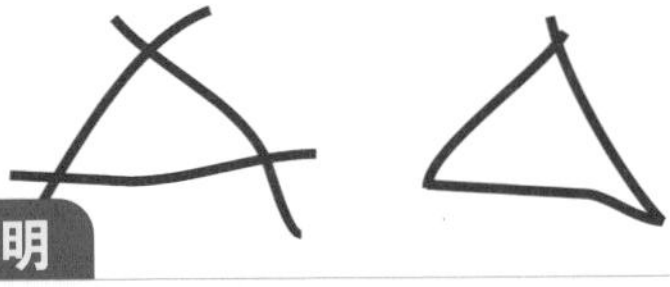

說明

三角紋

降低好的運勢、阻撓目前的氣勢，好運大打折扣。不要灰心，調整心態及心情，選擇對的方向，幸運之神會再次降臨並且支持你的。

各種特殊的細紋

說明

四方紋

困難重重包圍，但都可以突破困境。此時不用怕任何困難，都能迎刃而解。

說明

圈紋

變化無常、運氣不佳、被困難包圍，要掙脫相當困難。靜下心來，事有分輕重緩急，不要急於一時。

各種特殊的細紋

說明

斑點

暫時性的困難，有疾病及困難的象徵。點越大問題就越大，要小心ㄛ。

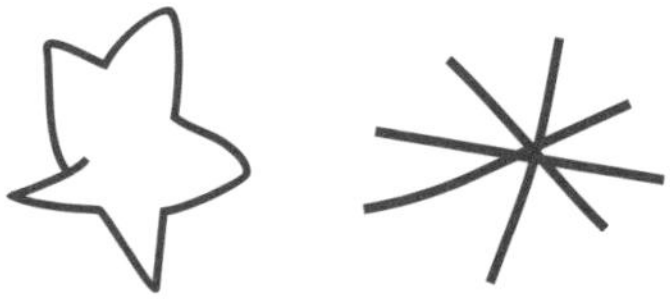

說明

星紋

在手掌心的話較吉利，其餘位置比較不好。所以又稱「掌中星」，是掌上明珠。

各種丘的看法與意義

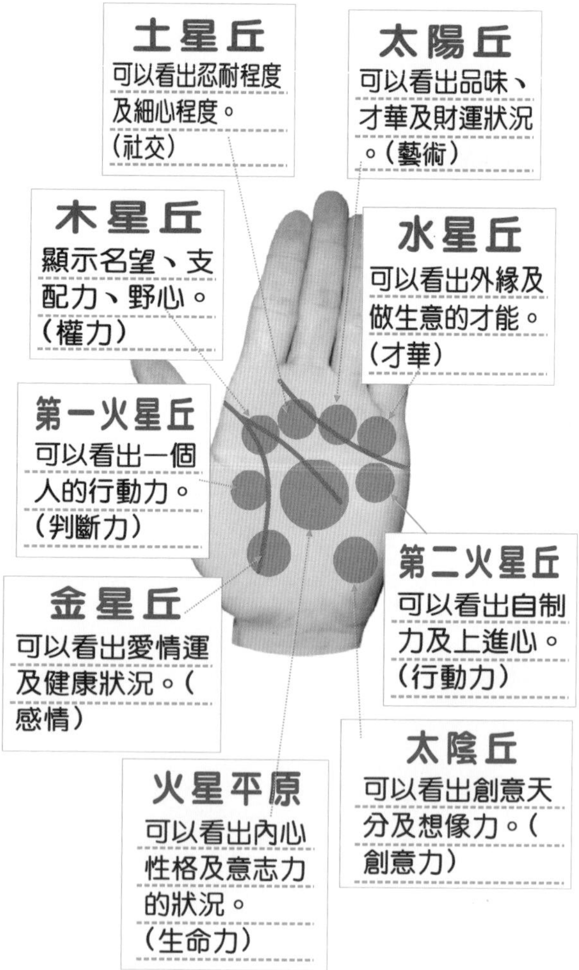
土星丘
可以看出忍耐程度及細心程度。(社交)
太陽丘
可以看出品味、才華及財運狀況。(藝術)
木星丘
顯示名望、支配力、野心。(權力)
水星丘
可以看出外緣及做生意的才能。(才華)
第一火星丘
可以看出一個人的行動力。(判斷力)
第二火星丘
可以看出自制力及上進心。(行動力)
金星丘
可以看出愛情運及健康狀況。(感情)
太陰丘
可以看出創意天分及想像力。(創意力)
火星平原
可以看出內心性格及意志力的狀況。(生命力)

各種丘的看法與意義

木星丘

代表權力、地位、上進心、自尊心、名譽、聲望及地位。

水星丘

此部位表現一個人的才能、人際關係及業務工作能力。

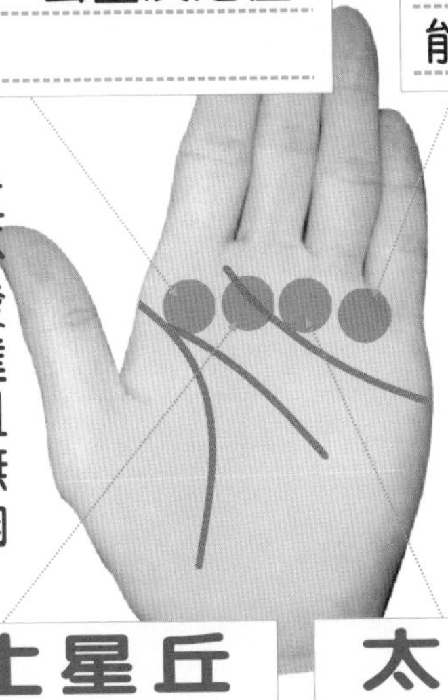

丘不發達且無肉
表示不好

丘隆起且有肉
表示好

土星丘

代表智慧及社交能力，亦可看出忍耐程度及研究心。

太陽丘

代表人氣、成功、表演天分及藝術。在健康神經系統方面亦有關。

各種丘的看法與意義

土星丘

過於隆起的人，對玄學、哲學很感興趣，個性會比較孤僻；平坦的人，思想幼稚、做事草率。

水星丘

隆起的人，有商業頭腦，是理財高手；較平坦的人，對理財沒有什麼觀念。

太陽丘

此部位豐滿的人,具美感,有藝術天分，但重視物質生活，易變成有奢侈的習慣；平坦的人,頭腦簡單,沒有藝術修養。

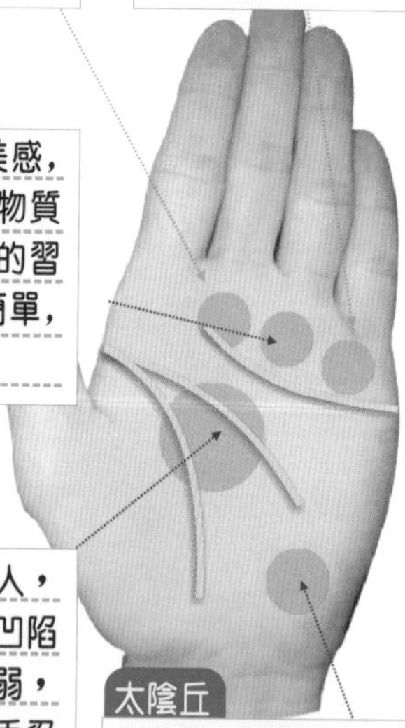

火星平原

此部位平坦、寬廣的人，是屬活力旺盛的人；凹陷太深的人，意志力薄弱，性格懦弱，消極、缺乏忍耐力，厚實隆起的人，有強烈的鬥志及旺盛的生命力。

太陰丘

此部位主想像力、直覺、第六感，飽滿表示此人想像力豐富，喜歡旅遊；平坦的人,缺乏夢想,思想單純,乏味，反應遲鈍，眼光短淺。

各種丘的看法與意義

火星平原
才能、機運、思考能力、忍耐力。

第二火星丘
是否冷靜、沉著、自我克制、忍耐。

第一火星丘
瞭解佔有慾、膽識、體力。

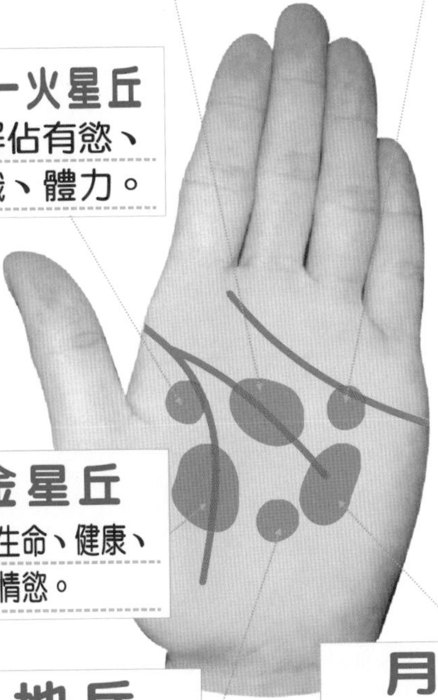

金星丘
觀看生命、健康、精力情慾。

月丘
代表浪漫、溫和、富有幻想力、精神式的愛情。

地丘
看和祖上及長輩的緣分。

水星丘

看賺錢的能力、財富及業務能力、人際關係等等。

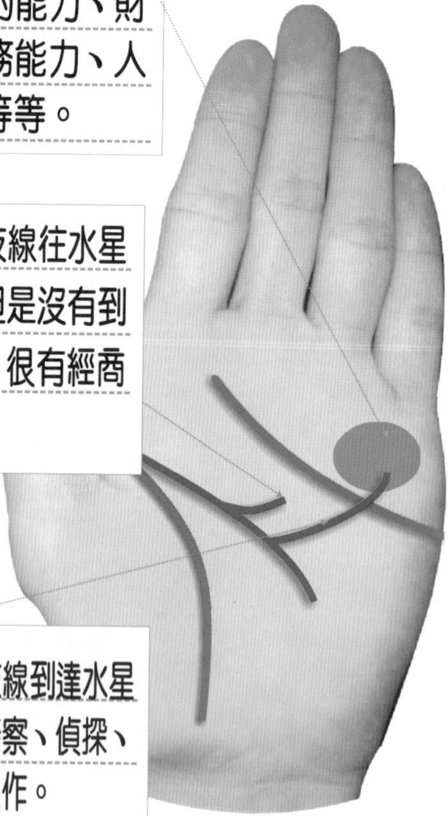

智慧線的枝線往水星丘延伸、但是沒有到達水星丘，很有經商能力。

智慧線的枝線到達水星丘，適合警察、偵探、檢察官等工作。

各種丘的看法與意義

看丘的漂亮程度
斷上面代表意義強弱

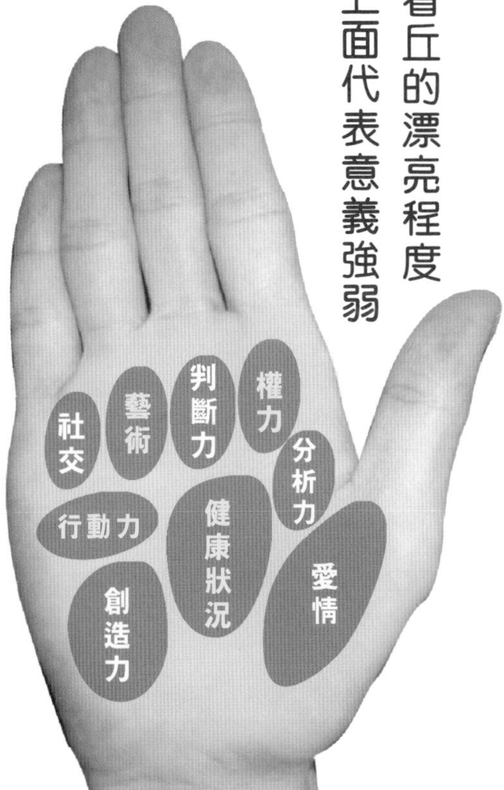

掌丘代表的意義圖

第三單元

由生命線論吉凶

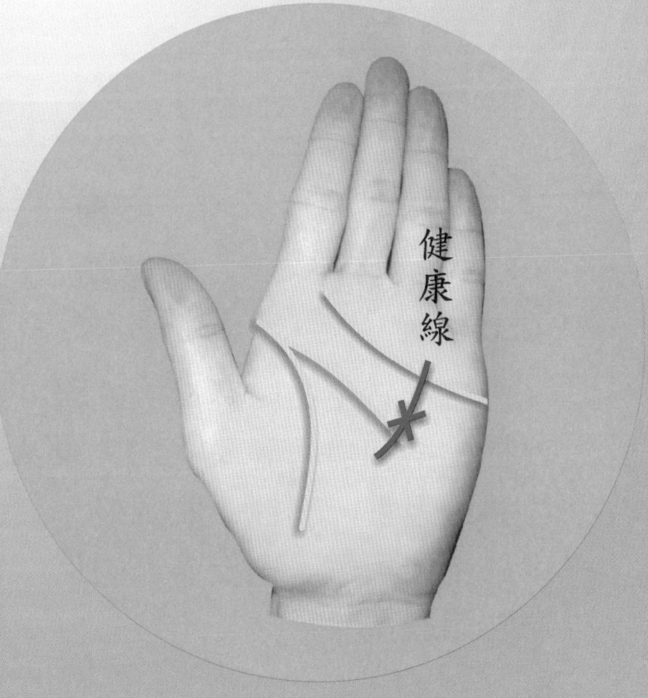

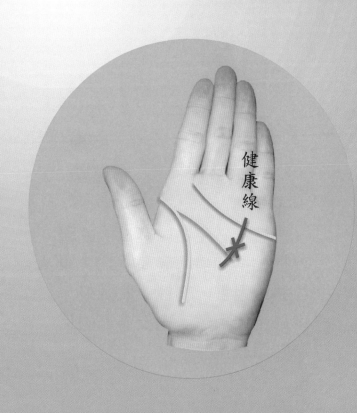

生命線流年吉凶

公式

由感情線尾端畫一平行線，依序20歲起算（如圖）。

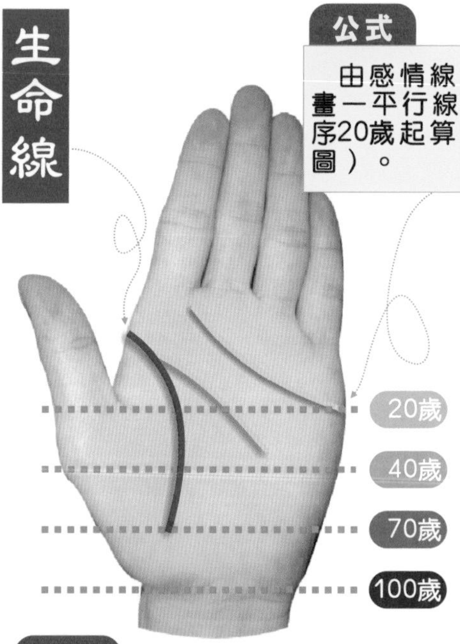

說明

由流年看生命線區塊，紋路變化得知身心健康狀況；紋路深且長，屬健康狀況好，紋路淺且短，則要多運動且注意飲食。

由生命線看各種身體狀況

生命線長且清晰的人，是屬於可以過健康且長壽人生的類型。

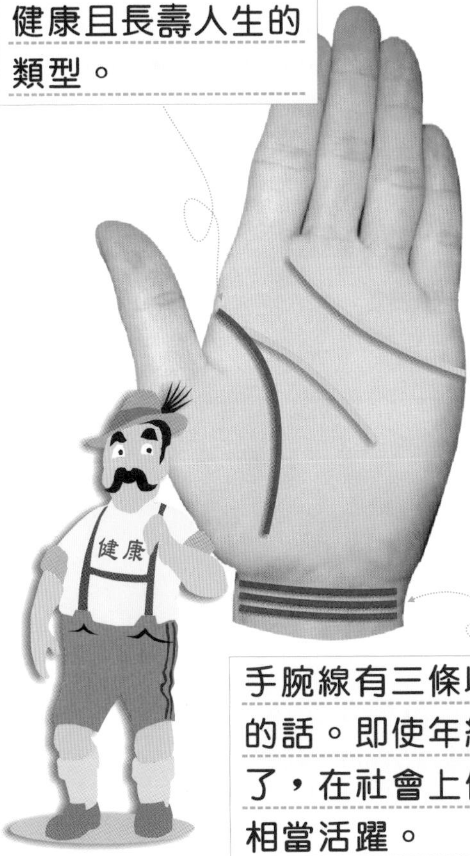

手腕線有三條以上的話。即使年紀大了，在社會上仍然相當活躍。

是屬於全身充滿活力、精神充沛的類型。身體好，食慾不錯，一生與壓力無緣。

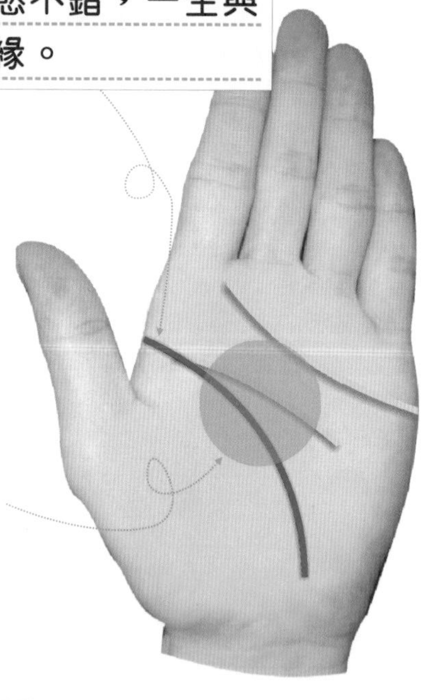

說明

生命線的起點與智慧線有很長的交叉，並伸展到火星平原。

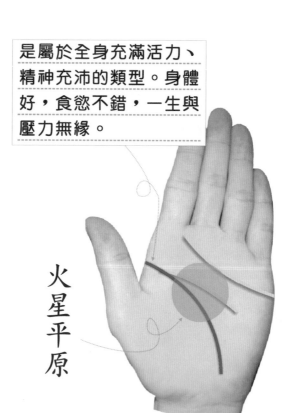

由生命線看各種身體狀況

具有雙重生命線的人,屬於體力充沛、運動神經很發達的類型。

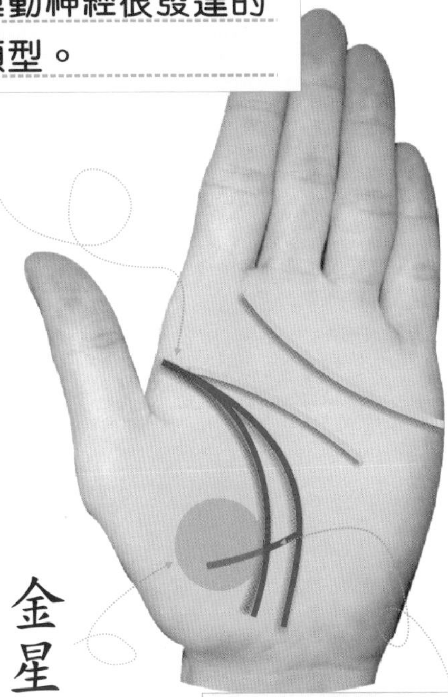

此條橫切金星丘的線,屬得天獨厚型,穩定、幸福過一生。

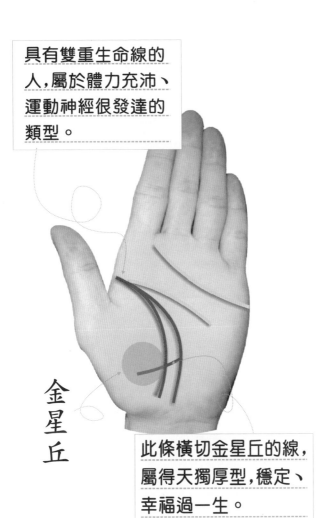

由生命線看各種身體狀況

生命線的內側有一條短短、平行伸展的副生命線。

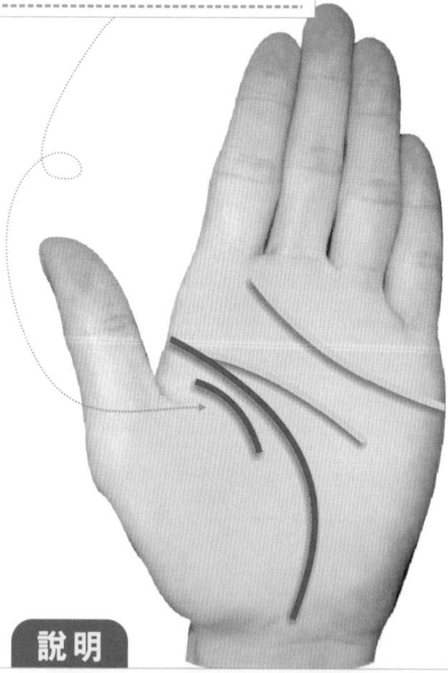

說明

有副生命線的人腸胃很健康也很有行動力，對疾病及受傷的抵抗力很強，幾乎所有的疲勞都可用睡眠來消除，體力恢復很快。

由生命線看各種身體狀況

生命線斷斷續續的人體力會比較衰弱，不能處理緊急情況。

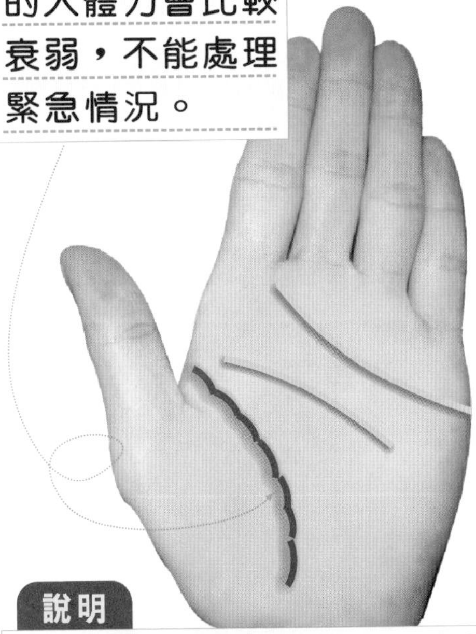

說明

生命線斷斷續續的人，在呼吸器官方面衰弱的可能性很高，所以要特別注意。有此類紋線的人,多半意外連連,諸事不順。

中斷的地方暗示有大的疾病（危及生命）或受傷發生，如果沒有第二生命線或斷續線的輔助，最好要多加注意健康。

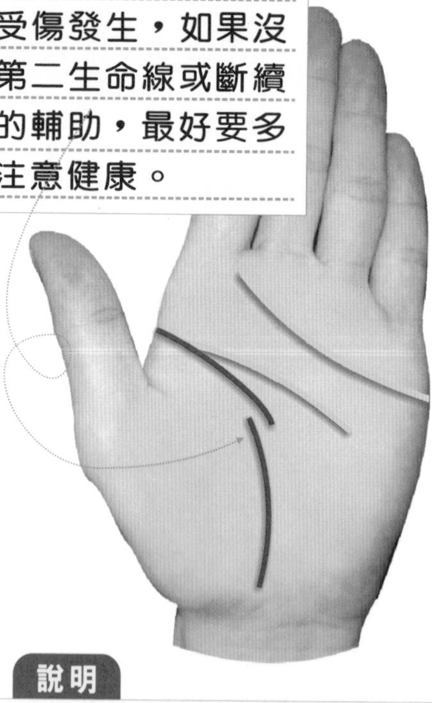

說明

生命線在途中有斷線的人，表示在人生的中途上可能會有健康方面的變化。

你有無旅行線

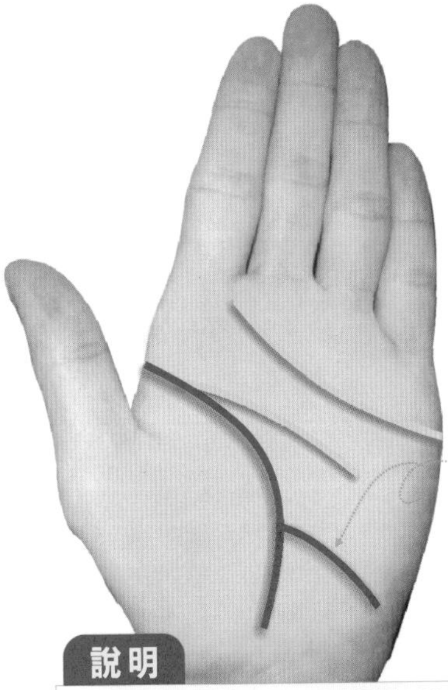

說明

生命線下方分開成兩條支線又稱「移民線」或「離鄉背井線」，有機會到國外工作或擁有雙重國籍，一般是指需離開家鄉到外地發展。他們的直覺很強，想像力豐富，很適合當作家。

手紋出現島紋的狀況

生命線上出現島紋的人，會在出現的流年期間，罹患嚴重的疾病，諸如腫瘤、肝病…等等。

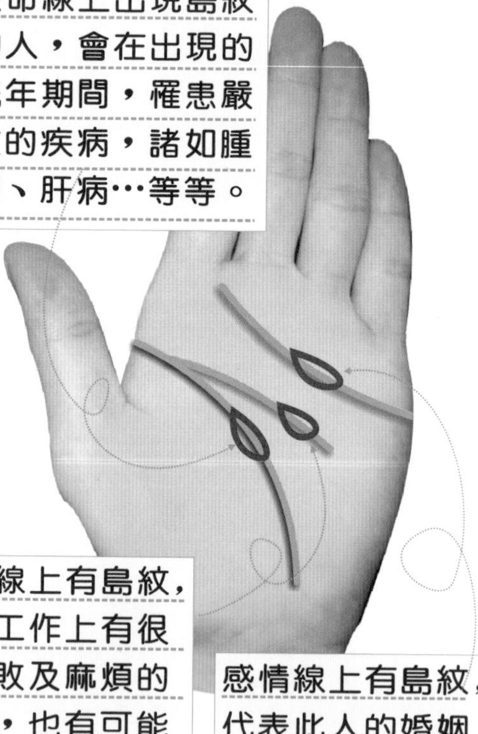

智慧線上有島紋，暗示工作上有很多失敗及麻煩的類型，也有可能因健康問題而被迫離開原來的工作崗位。

感情線上有島紋，代表此人的婚姻易有問題，避免早婚，最好過了三十歲以後再結婚。

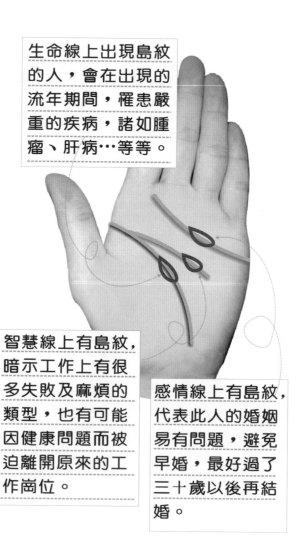

手紋出現島紋的狀況

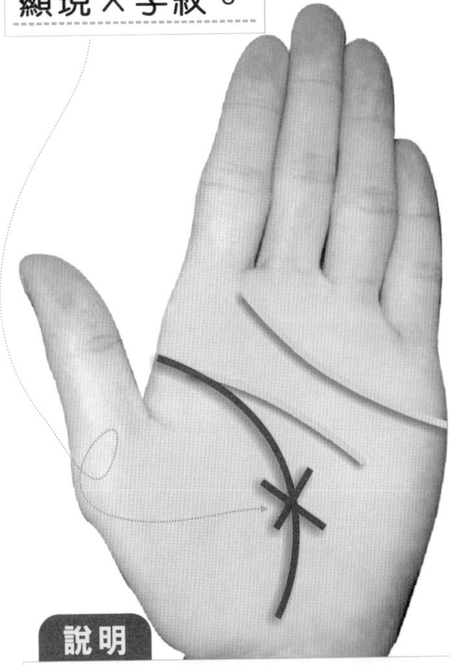

說明

此紋出現點的流年期間，易遇到口舌是非，會影響到自己的事業及人際關係，亦表示經常會，受傷、生病等意外。

手紋出現島紋的狀況

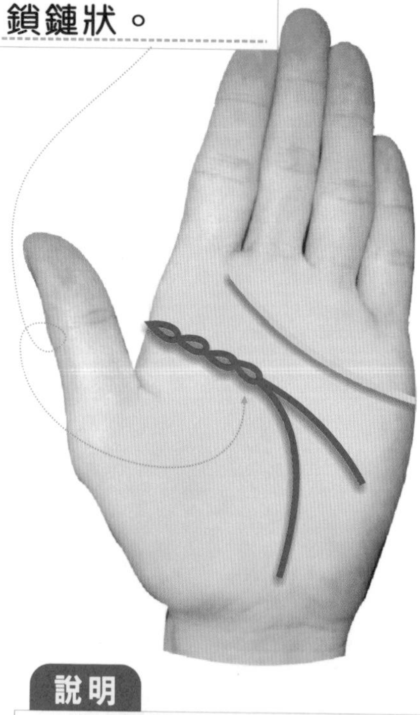

說明

天生屬抵抗力較弱的類型，容易感冒，需留意支氣管及呼吸器官之毛病。

手紋出現島紋的狀況

太陰丘的下方出現格子紋時，精神方面陷入頹喪的可能性相當大。

如果有這種狀況，請想辦法減輕壓力，健康運就會好轉。

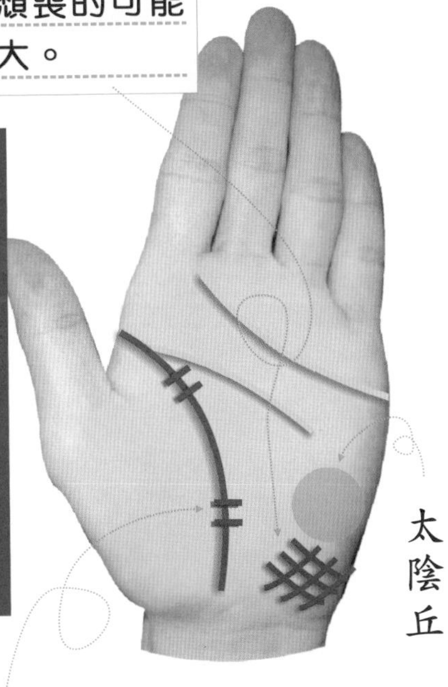

生命線上有好幾條橫線切過，會在出現點的流年期間，罹患慢性疾病，導致精神狀況欠佳。

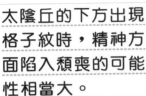

生命線有無出現疲勞線

和生命線相接，朝手腕的方向延伸細幼的紋線。

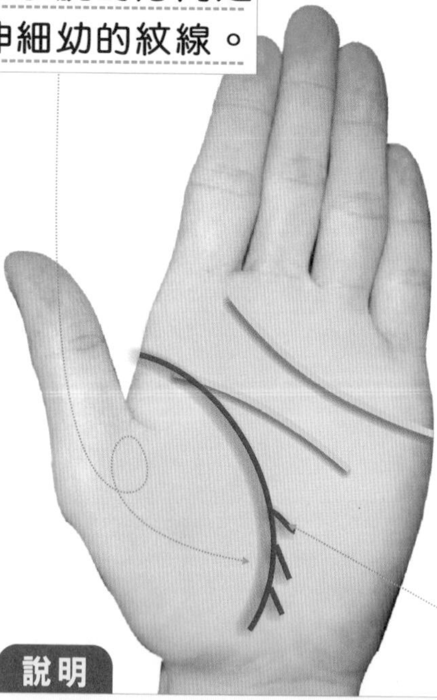

說明

有可能為失眠及食慾不振、倦怠感等所苦，如能注意有規律的生活作息，就可以慢慢的改善，不要再ㄍㄥ了。

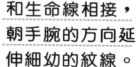

健康線出問題的線況

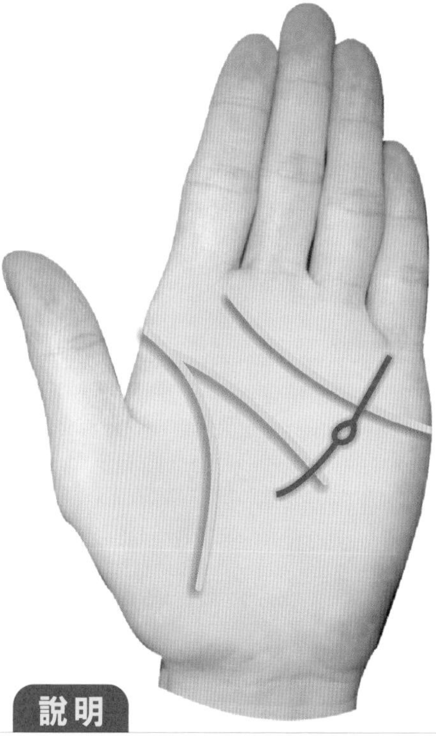

說明

因長期壓力造成身心不協調，應注意內臟的功能會降低，慎防病變。注意消化系統或泌尿系統，會產生慢性疾病。

健康線出問題的線況

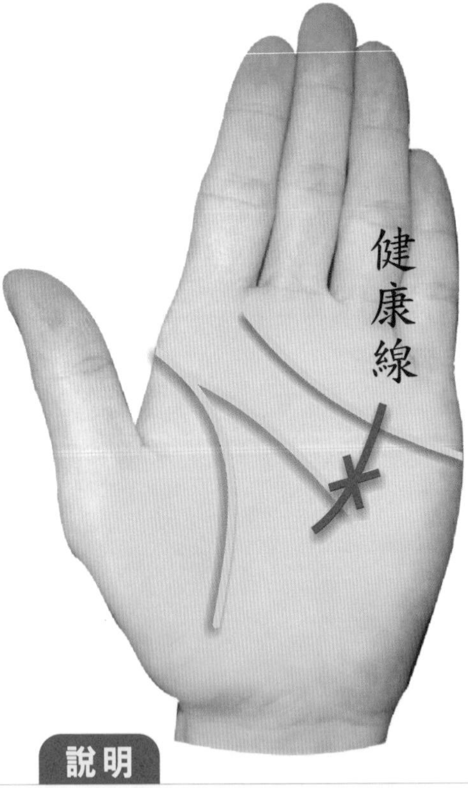

說明

因長時間的視神經疲勞，需減低視力、壓力，眼睛多休息，注意腎臟。

健康線出問題的線況

荷爾蒙異常型：
健康線的前端有
細細的線及島紋
或X字紋。

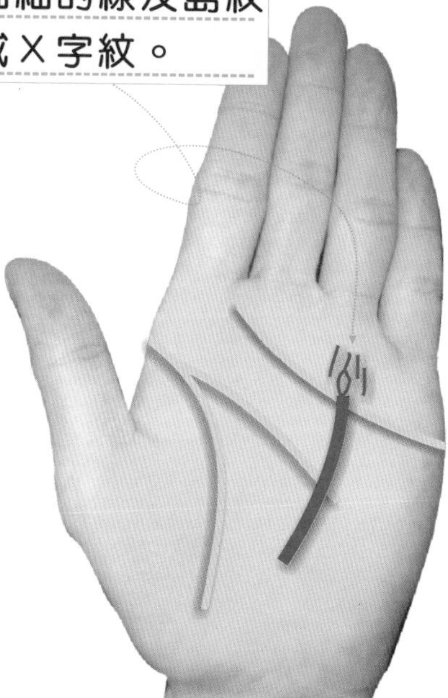

說明

出現此紋有可能是荷爾蒙失
去平衡，可能是子宮、卵巢
有病變，記得要去檢查。

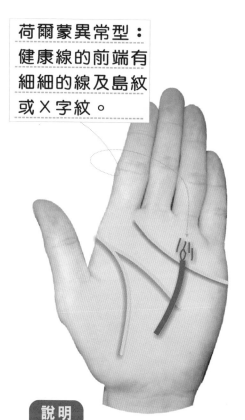

健康線出問題的線況

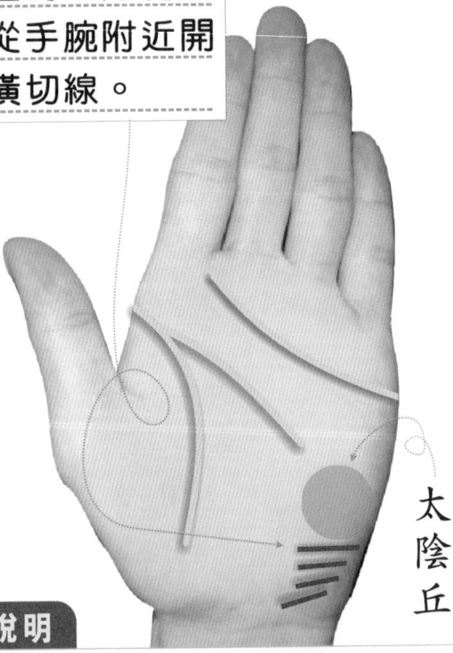
太陰丘的下方有好幾條從手腕附近開始的橫切線。
太陰丘

說明

出現此紋表示身體狀況有異常，是肝功能降低的狀況，必須節制飲酒、抽煙、檳榔等，控制好身體狀況，並且請醫生診斷較佳。

生命線的孤度

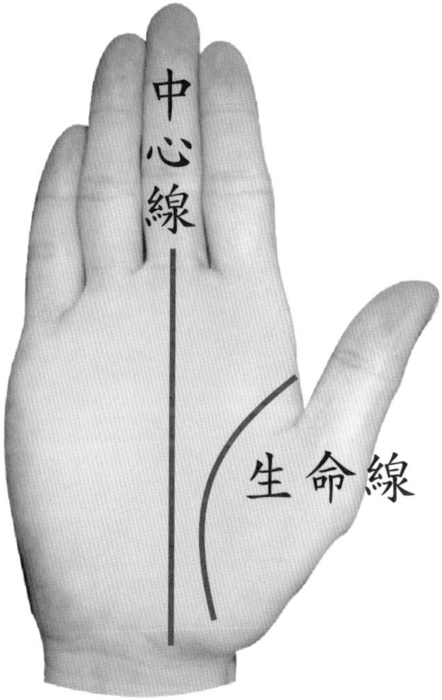

說明

身體的先天動能較差，抵抗力弱，個性消極，爲人和氣，也比較不會表達，容易與人有代溝，較重視精神生活。

生命線的孤度

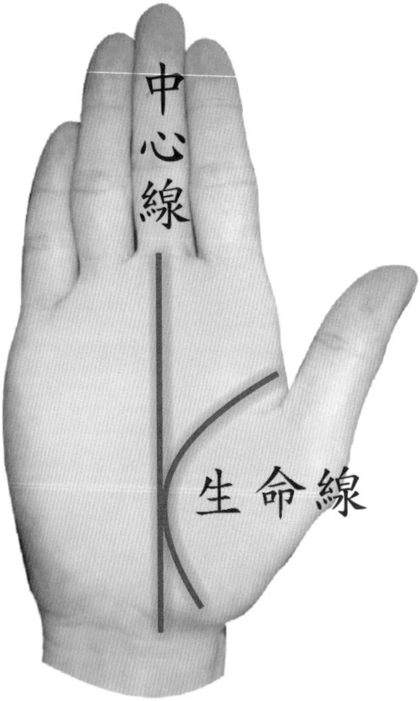

說明

身心健康均衡，生活幸福美滿，人際關係良好，經濟穩定，是不錯的類型喔！

生命線的孤度

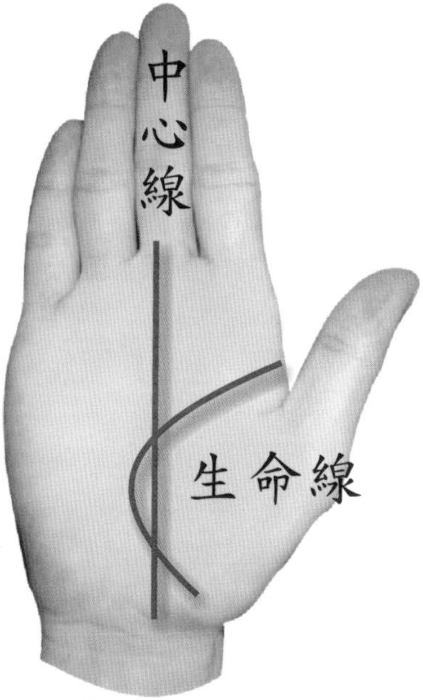

說明

屬精力旺盛型，整天看起來都充滿活力，對任何事物很有信心，可以全力以赴，是屬於強人類型，感情和事業都可以掌握。

生命線的孤度

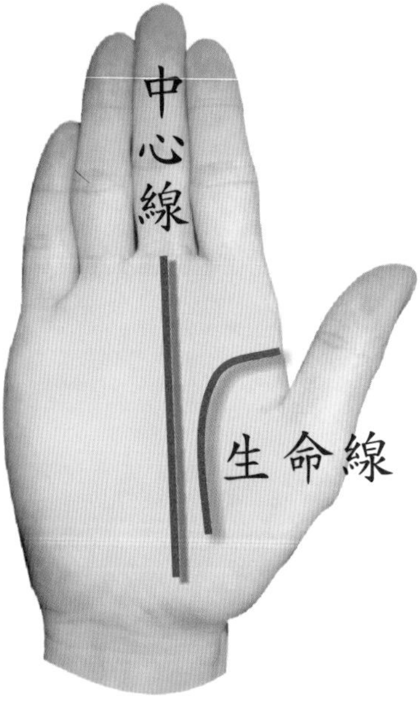

說明

少年運頗佳，出生環境不錯，唯缺乏外界的適應能力，往往一出了社會就無法突破。縱然滿懷理想，終因能力不足而無法實現，可能會半途而廢。

什麼是障礙線

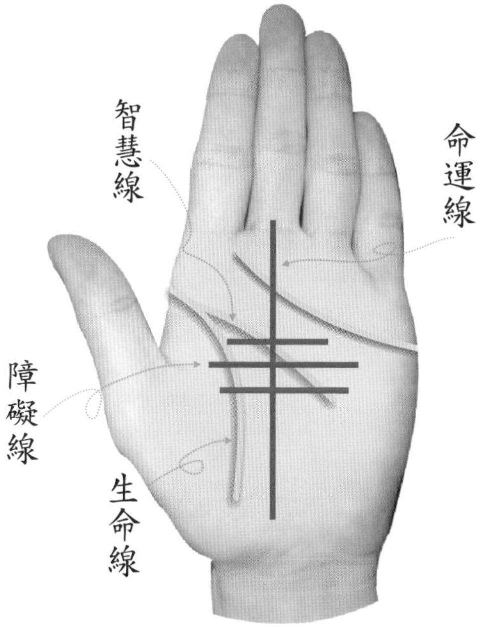

說明

障礙線橫切生命線、智慧線和命運線，表示會有離婚、失業、降職、破產、大病發生等在30到40歲左右會遭遇種種的災難。

第四單元

由智慧線論吉凶

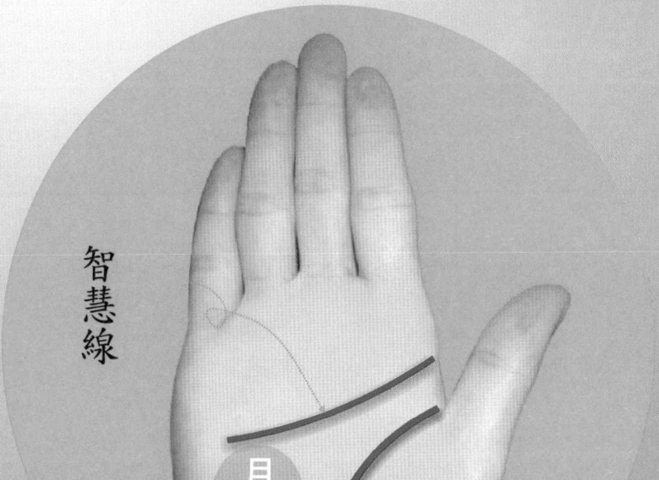

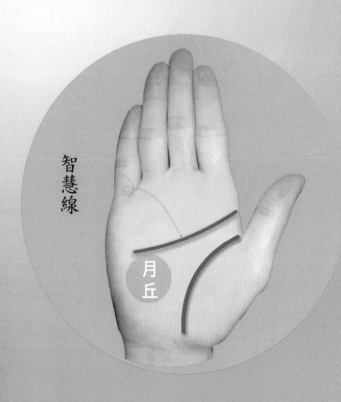

由智慧線看個性

智慧線沒有從生命線上出發，個性上屬較大膽、積極，同時擁有行動力。

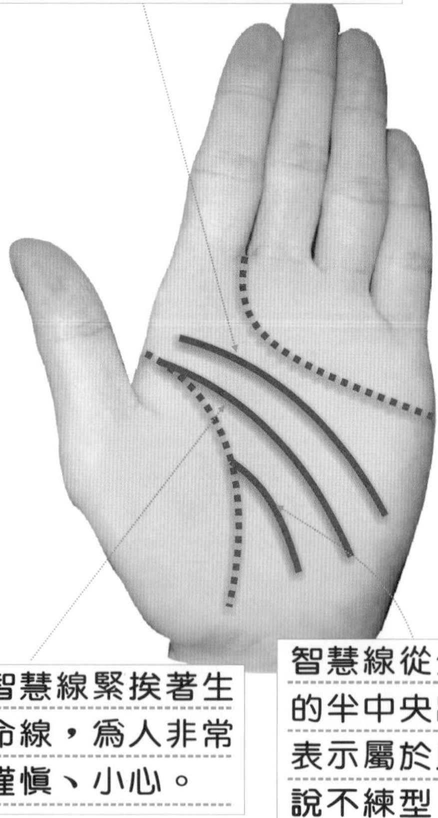

智慧線緊挨著生命線，爲人非常謹慎、小心。

智慧線從生命線的半中央出發，表示屬於比較光說不練型。

各類型智慧線的判斷法

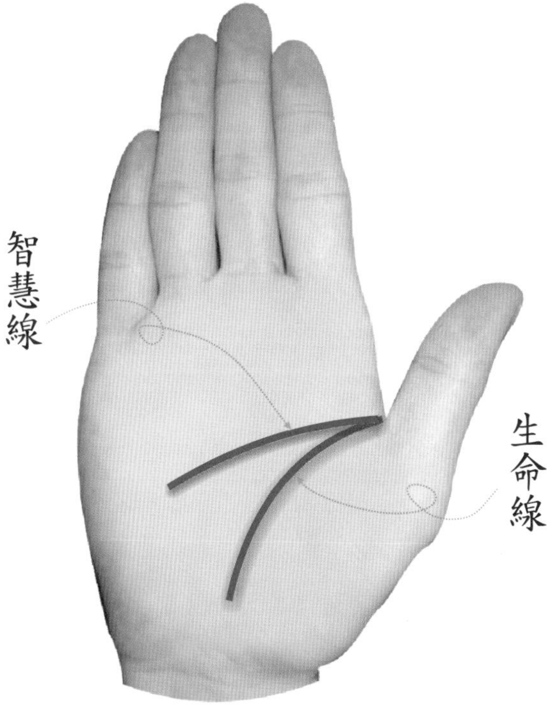

說明

思想敏銳、深思熟慮、多愁善感、太過謹慎又較沒行動力，所以有時會喪失好的機會。

各類型智慧線的判斷法

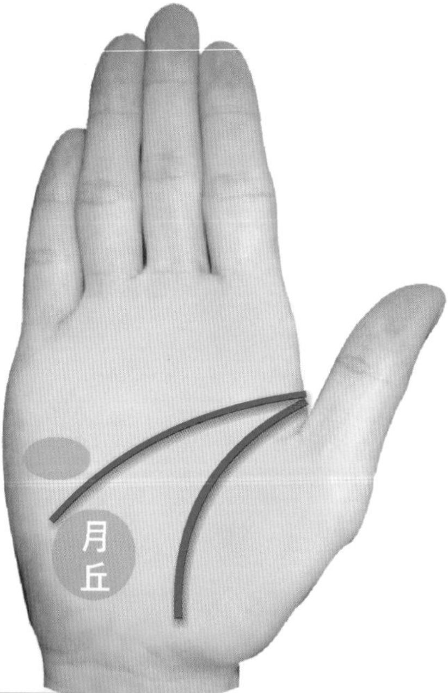

說明

可以編織美好的事物，對音樂、美術、文藝有天分，有幻想力，喜歡自在沒有約束的生活，人緣佳且富有藝術氣息。

各類型智慧線的判斷法

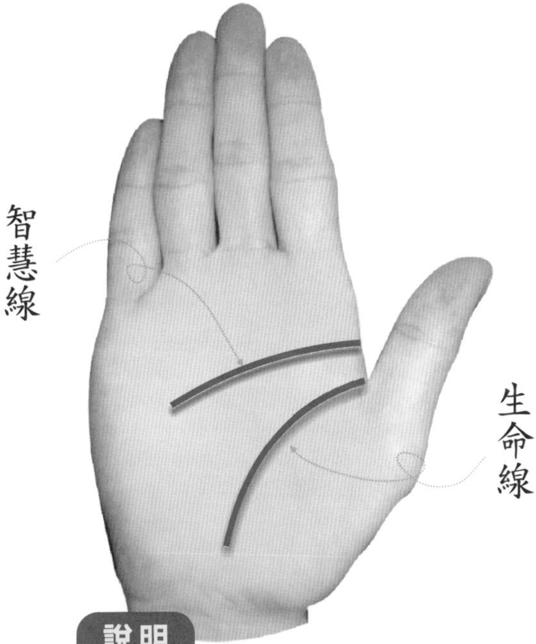

說明

兩線分開的人有聰穎的頭腦，意志力強、獨立自主、不受他人影響，擁有好及強的運勢，靠自己的智慧能成就一番事業。

各類型智慧線的判斷法

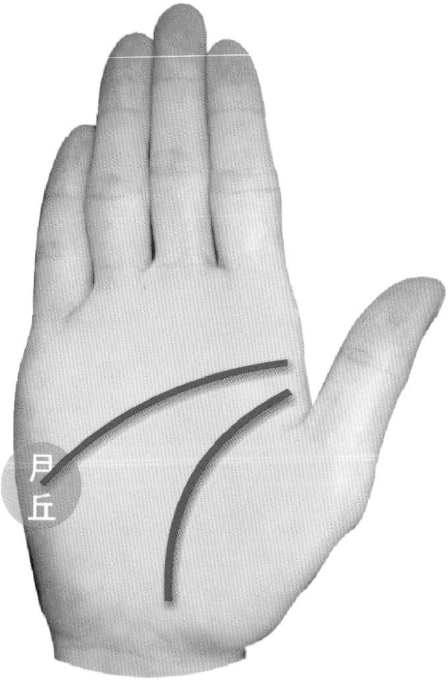

說明

適合從事研究或教學工作，思想、才能都兼備，但有時過於理想，不切實際而幻想化，進而有說教意味。

各類型智慧線的判斷法

智慧線由木星丘開始的人，可以在衆人之前發揮實力，是一個很有智慧的人。

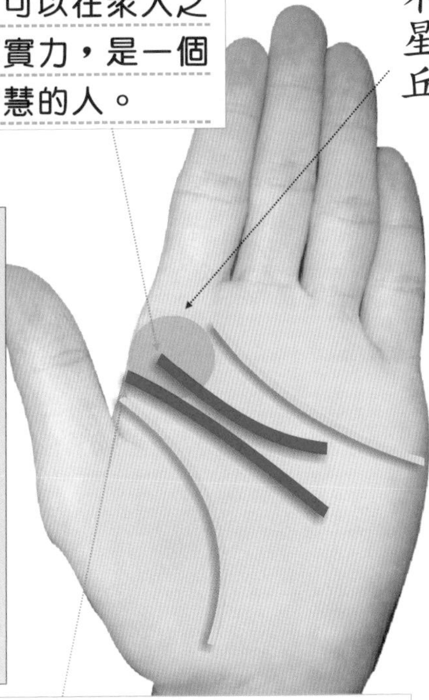

智慧線和生命線分開的人很有個性，不喜歡被拘束。

智慧線及生命線分開的人，積極樂觀，學識豐富，擅長交際應對，人際關係良好，沈穩、踏實。

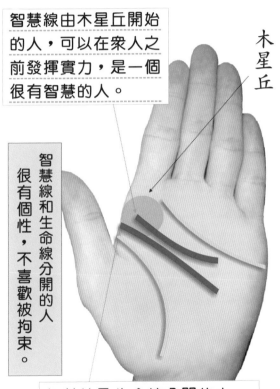

各類型智慧線的判斷法

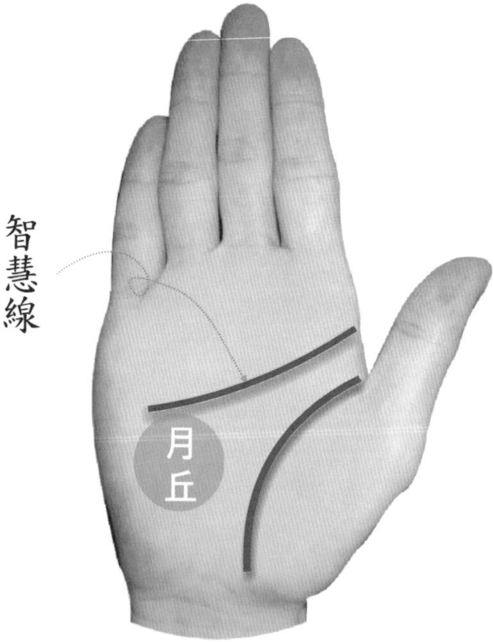

說明

沈穩、踏實、積極進取、擅長交際應對，但比較不會運用金錢，屬於保守派。

由智慧線看工作狀況

智慧線斷斷續續的人比較難擁有固定職業，是屬於經常轉換職業的類型。

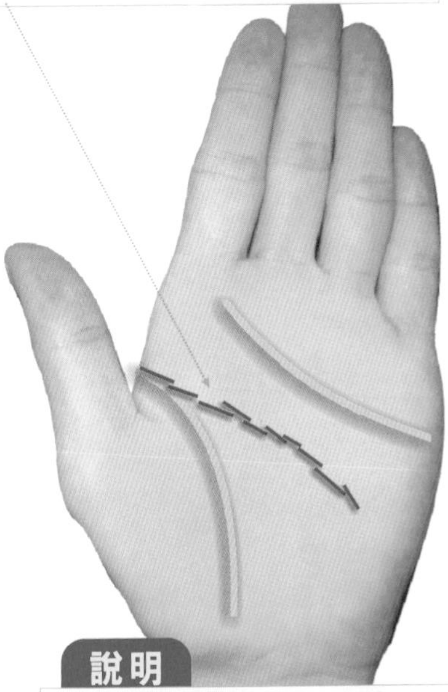

說明

很容意搖擺不定，精神不安定，情緒會不穩定，較難有一個固定且長久的工作，因思想與判斷出現斷續現象。

由智慧線看個人特質

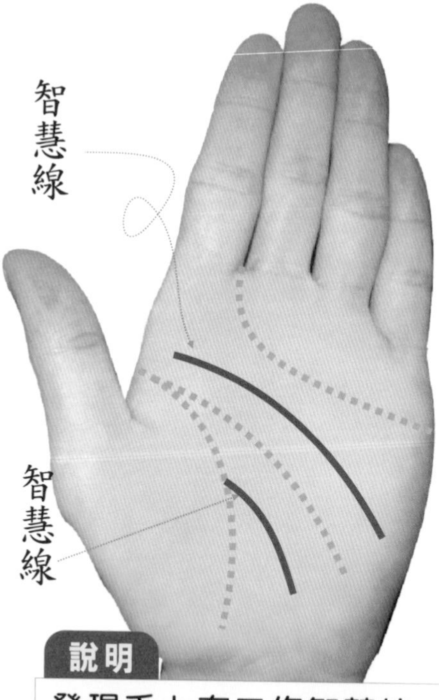

說明

發現手上有二條智慧線，表示腦筋動得很快，很會開創新的事物，是擁有經商頭腦的開創家，如果是女性的話，就會成爲典型的女強人。

由智慧線看個人特質

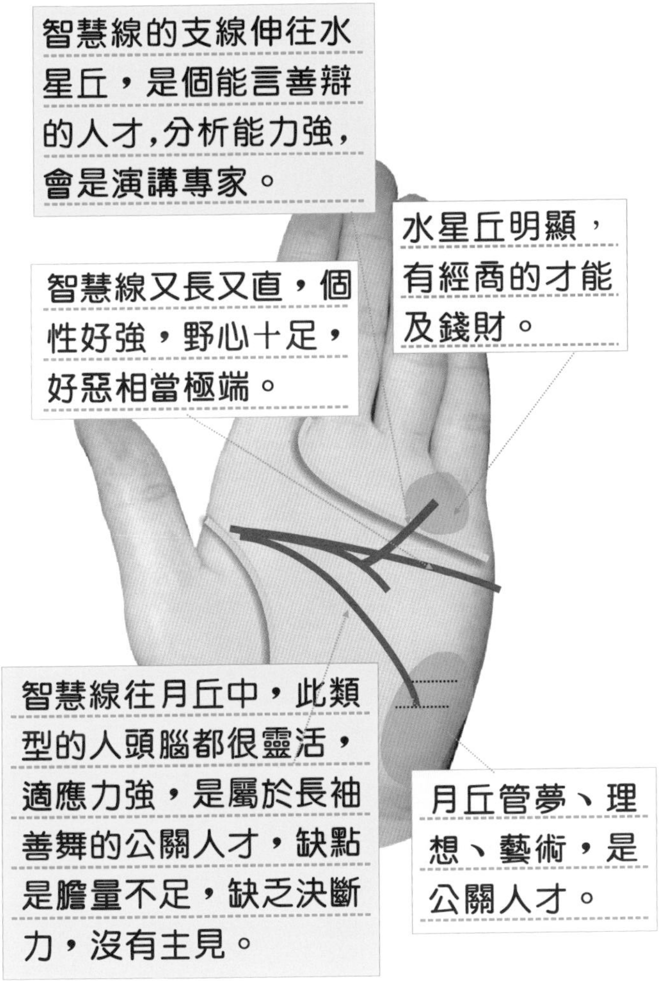
智慧線的支線伸往水星丘，是個能言善辯的人才,分析能力強,會是演講專家。
水星丘明顯，有經商的才能及錢財。
智慧線又長又直，個性好強，野心十足，好惡相當極端。
智慧線往月丘中，此類型的人頭腦都很靈活，適應力強，是屬於長袖善舞的公關人才，缺點是膽量不足，缺乏決斷力，沒有主見。
月丘管夢、理想、藝術，是公關人才。

工作上會遇到障礙的線

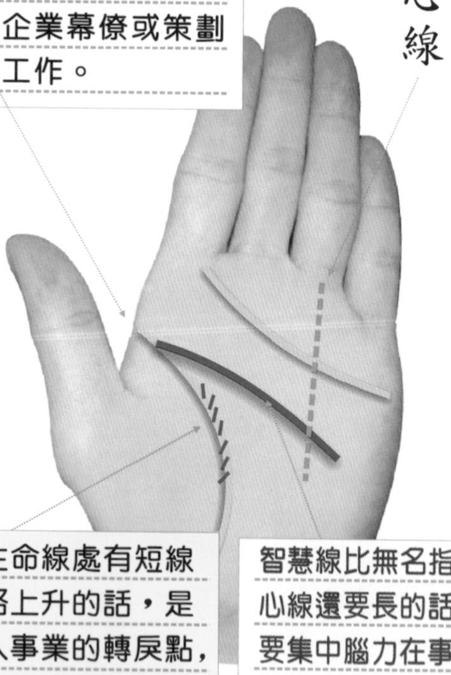

智慧線及生命線的起點重疊的人，擅長企業幕僚或策劃性工作。

從生命線處有短線紋路上升的話，是此人事業的轉戾點，很有成功的條件，只要把握機會，就會一鳴驚人。

智慧線比無名指的中心線還要長的話，只要集中腦力在事業上即可得到成功。

工作上會遇到障礙的線

大拇指有(1)及(2)金星環紋路的話，表示靈感很豐富。

手掌看到有此紋路之人，屬想法豐富且奇特。

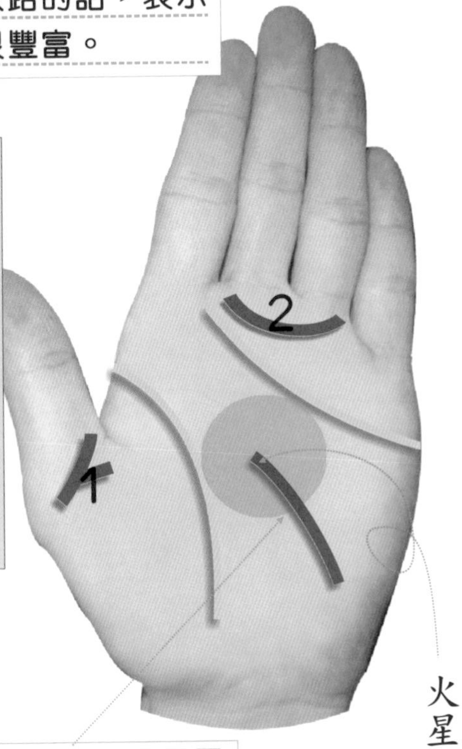

智慧線由火星平原開始的人，是屬擁有奇特想法之人。

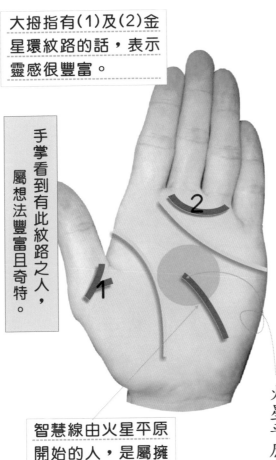

工作上會遇到障礙的線

智慧線未到達中指的中心線的人，是屬於行動派，想到就做之類型。

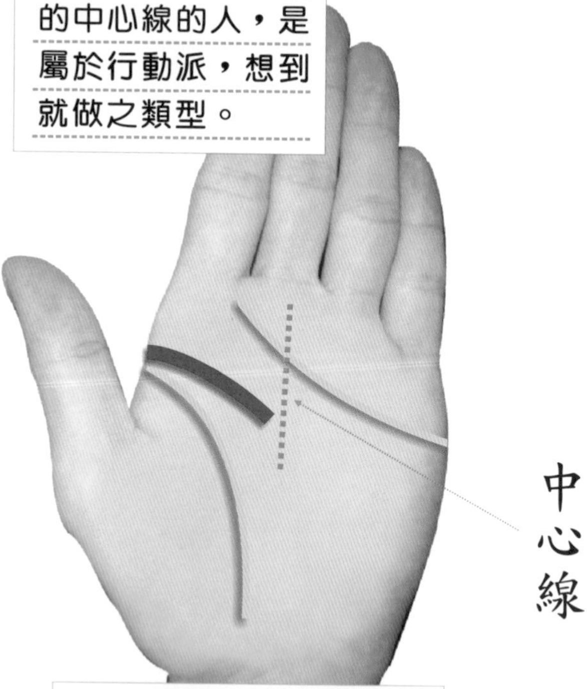

智慧線短之人較現實，但才華洋溢，能善用直覺而成功，在商界活躍且發展得很好。

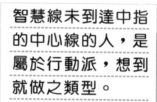

工作上會遇到障礙的線

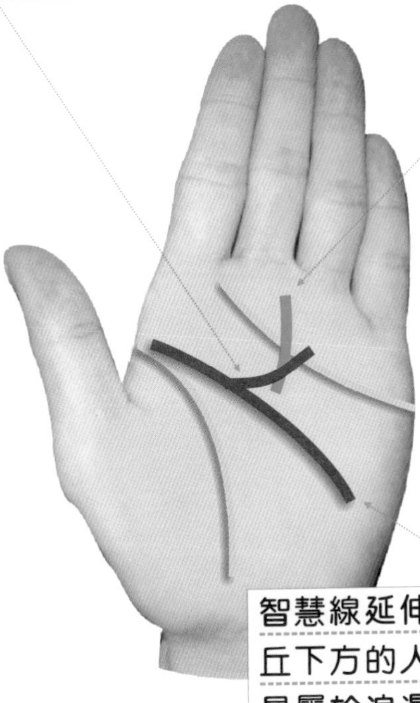
智慧線的支線通過太陽線的話，表示天生擁有優異的美感。
太陽線
智慧線延伸至太陰丘下方的人，天生是屬於浪漫家的類型。

工作上會遇到障礙的線

智慧線看起來很直的伸展，具有藝術表演天分，可在此領域出人頭地。

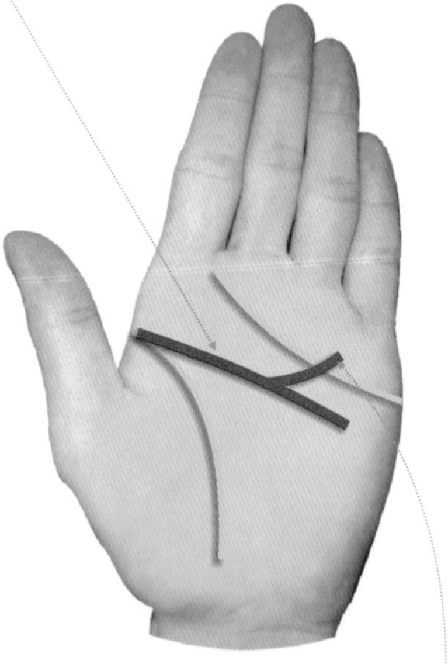

從智慧線延伸出來的支線向水星丘伸展，適合當警察、偵探、檢察官等工作。

工作上會遇到障礙的線

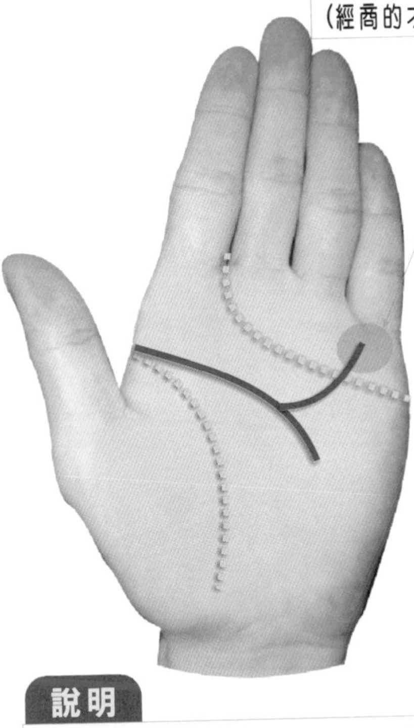

說明

智慧線的支線伸到水星丘上，表示有商業頭腦，大部分的經理都有這樣的手相，是一個擅長經商和經營公司的人。

工作上會遇到障礙的線

有此線的話,語言表達、分析能力強，適合找靠嘴吃飯的工作。

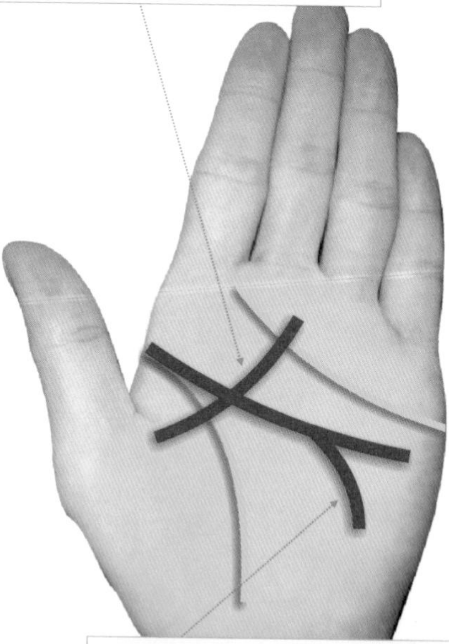

智慧線的下端分叉的人,擁有創造的才能,適合作發明家，聰明靈敏。

工作上會遇到障礙的線

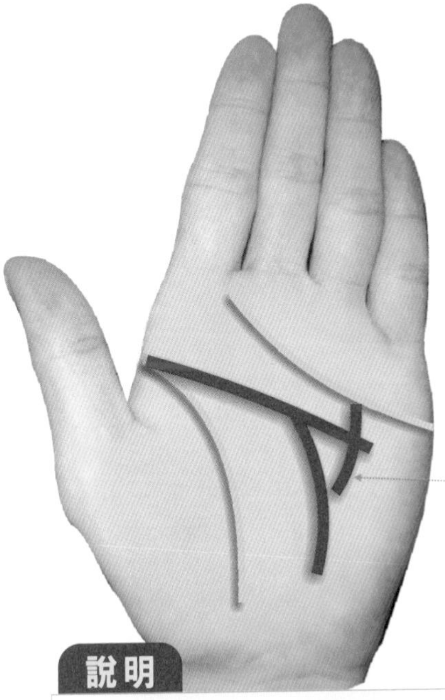

說明

可以將想像的東西具體化而獲致成功，尤其在藝術及文學方面備受肯定。如果有直覺線的話，能夠在文學、美術、音樂等領域發揮才能。

工作上會遇到障礙的線

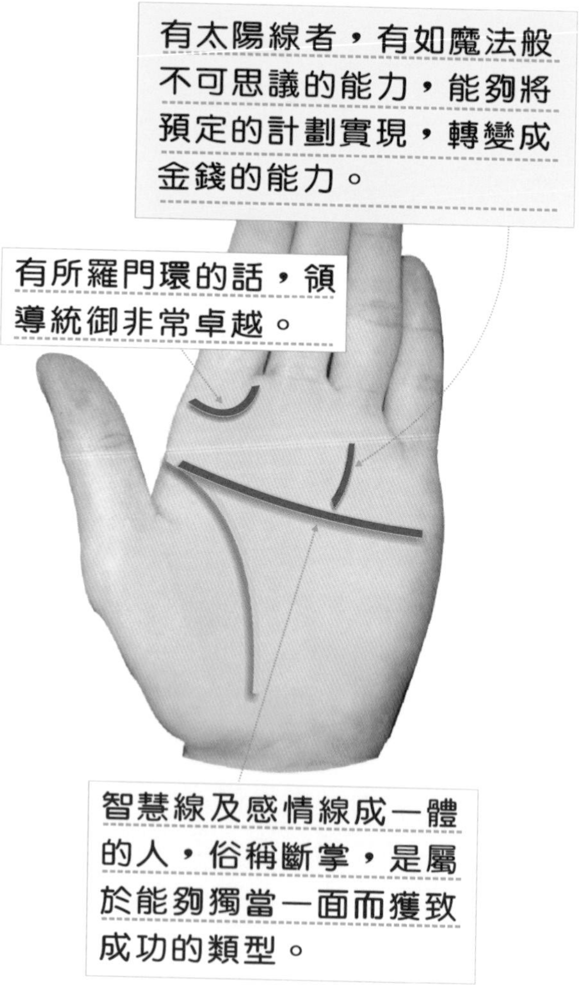
有太陽線者，有如魔法般不可思議的能力，能夠將預定的計劃實現，轉變成金錢的能力。
有所羅門環的話，領導統御非常卓越。
智慧線及感情線成一體的人，俗稱斷掌，是屬於能夠獨當一面而獲致成功的類型。

工作上會遇到障礙的線

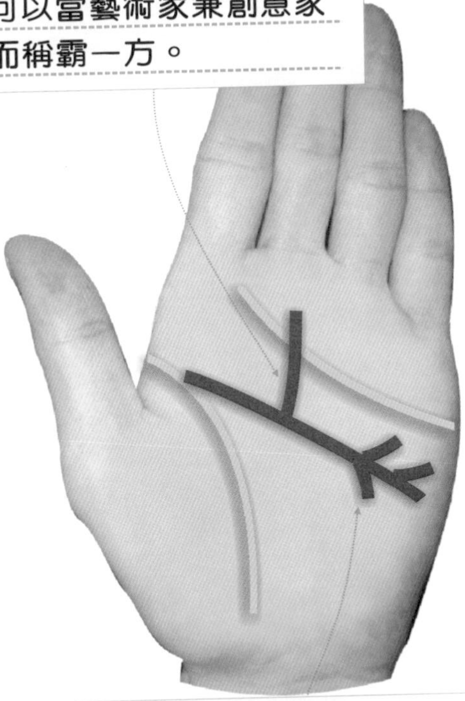
從智慧線生出的命運線，可以當藝術家兼創意家而稱霸一方。
智慧線分成兩邊，並出現好幾條支線的人，是屬於在專業領域會受到肯定的類型。

工作上會遇到障礙的線

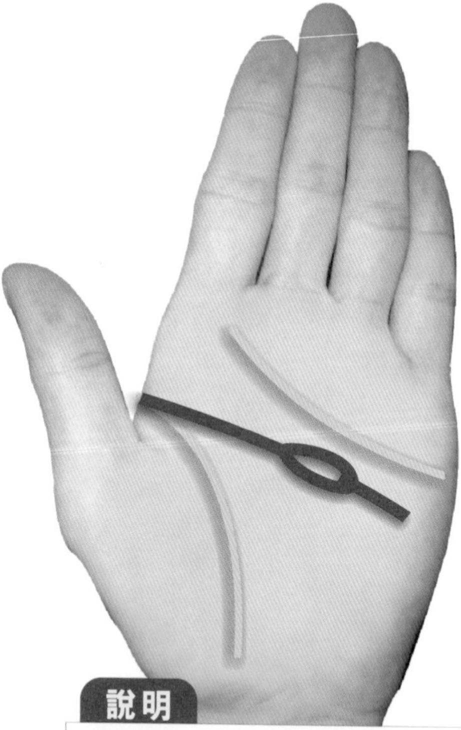

說明

智慧線上出現島紋的時候，暗示將遇到關於事業上的麻煩。健康方面須留意婦科的慢性疾病。

工作上會遇到障礙的線

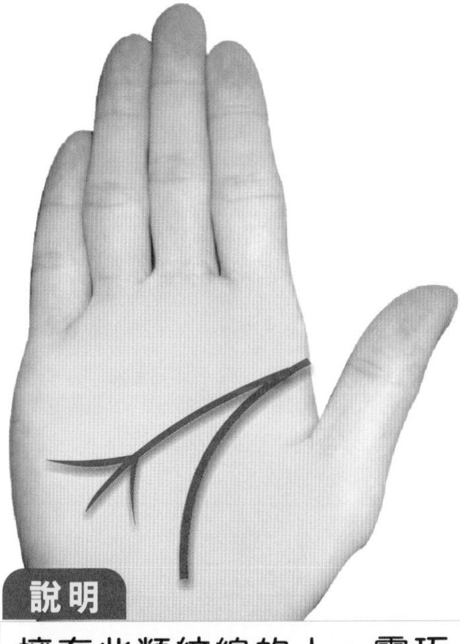

說明

擁有此類紋線的人，靈巧多變，做事較不拘泥於常態，多才多藝,感情豐富，頭腦靈巧，凡事能舉一反三,擅長理財但缺乏耐力，適合動腦及應變的行業，但記憶力不好。

第五單元

由感情線論吉凶

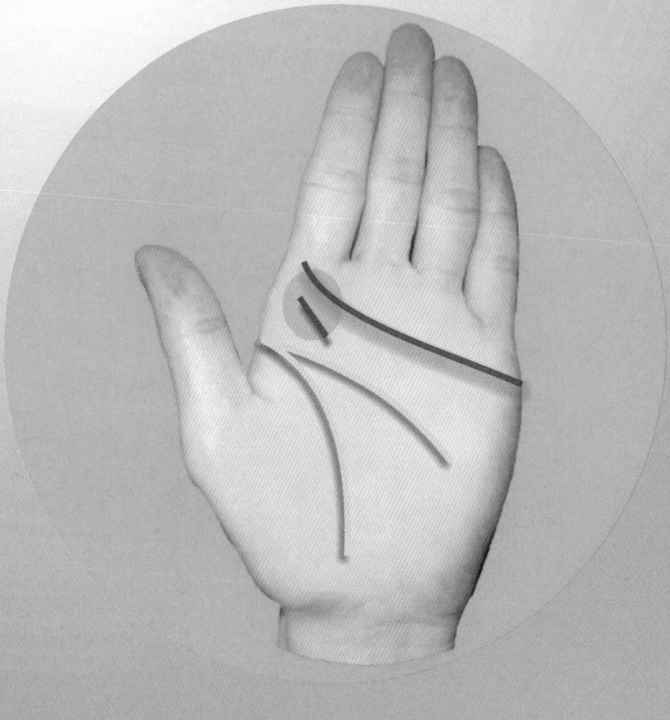

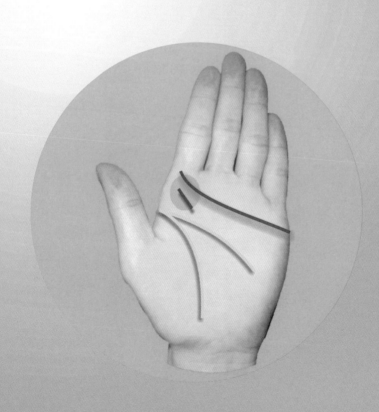

檢查感情線的重點

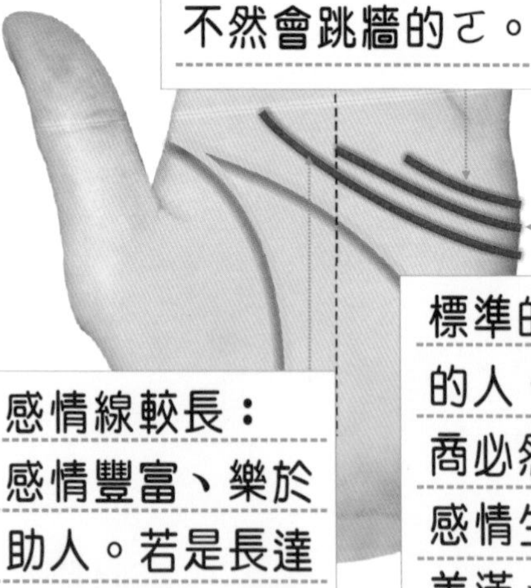

感情線短：
對另一半的猜疑心很重，感情上的處理宜放寬心胸，給對方多一點空間，不然會跳牆的ㄛ。

標準的感情線的人，感情智商必然極高，感情生活十分美滿、和諧。

感情線較長：
感情豐富、樂於助人。若是長達木星丘內，耳根子軟，容意受人欺騙。

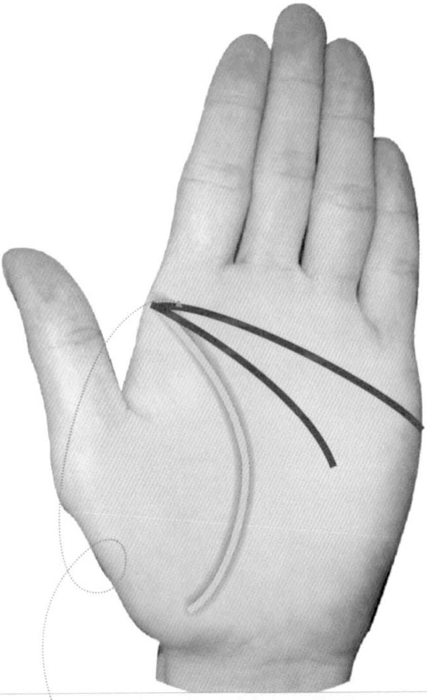

感情線末端下垂，接觸到智慧線的末端，此類型的人，多半感情自制力相當薄弱，做事容易衝動，情緒變化大，以致影響理智判斷。

如何從感情線看出各種狀況

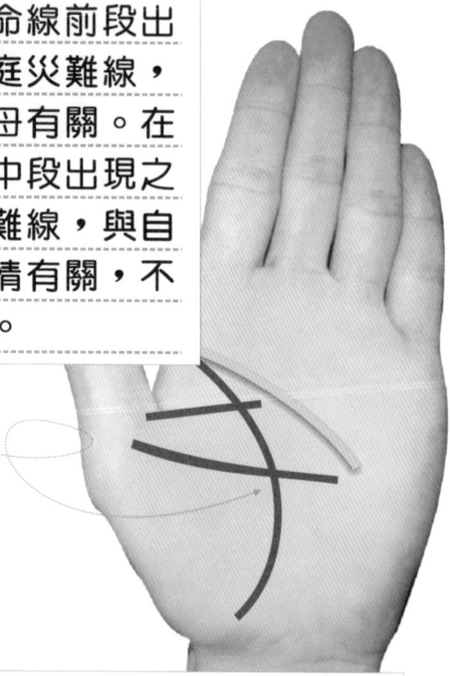

靠近生命線前段出現之家庭災難線，多與父母有關。在生命線中段出現之家庭災難線，與自己的感情有關，不可忽視。

家庭災難線是從拇指基部向外延伸，切過生命線的粗橫線，沒接觸生命線則不是，此線主家庭之變故。

感情線的各種障礙線

感情線尾部向上延伸的人，感情較豐富，也易與人相處，最適當的感情線長度應該是在土星丘內，此類型的人對感情處理較爲冷靜、圓融、不極端。

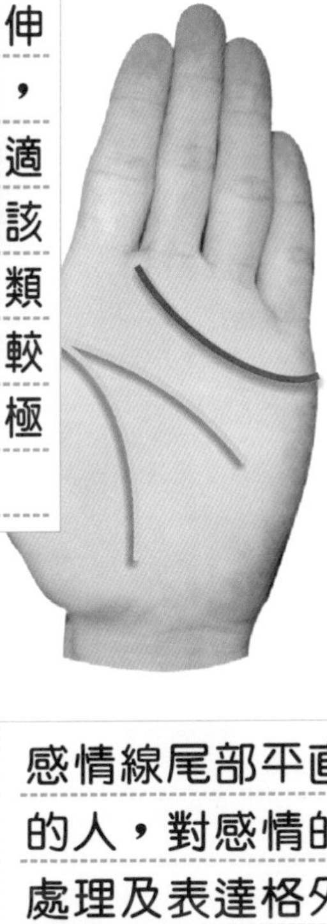

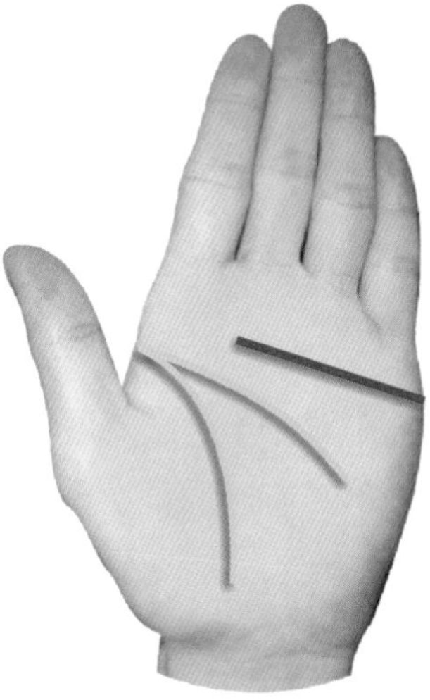

感情線尾部平直的人，對感情的處理及表達格外冷靜，一生較少轟轟烈烈的愛情，但婚姻之路卻維持得很長久。

感情線的各種障礙線

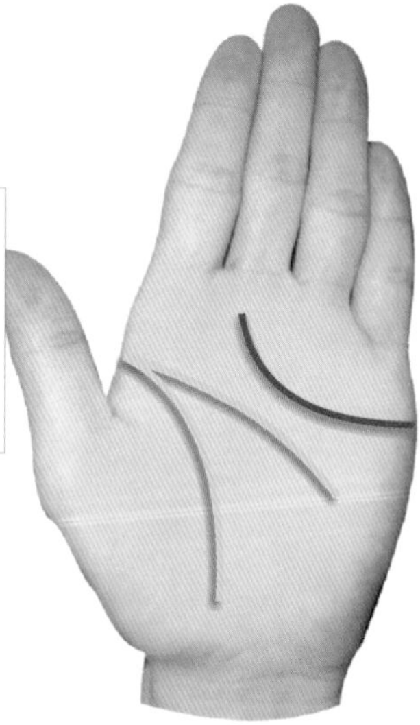

感情線朝上是熱情的，對愛情較積極。

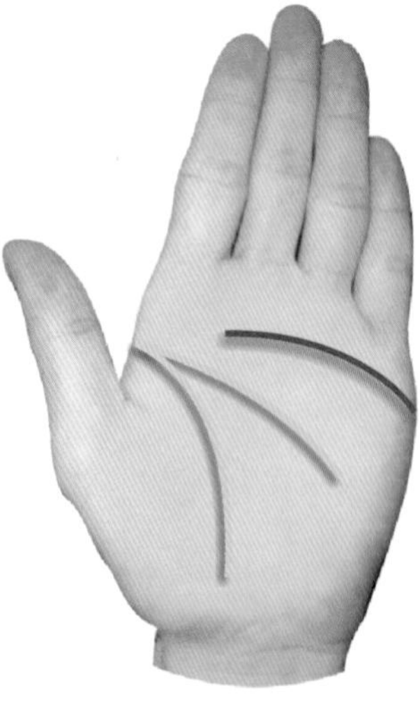

感情線朝下是悲觀的，對愛情較消極 。

感情線的各種障礙線

感情線伸展
到中指下方

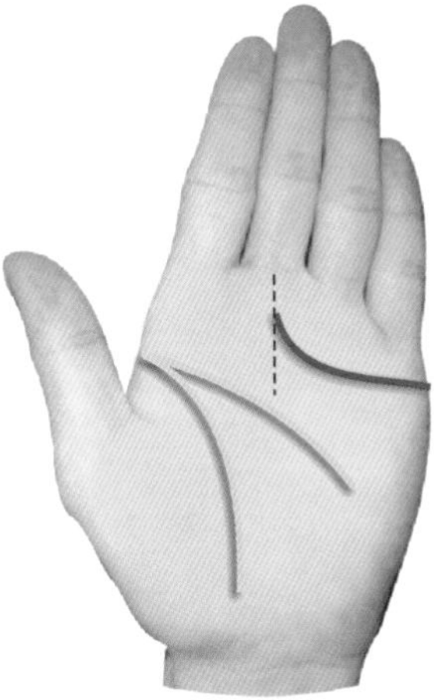

擁有此線紋路的，多半具有強烈的隱藏性，佔有慾、醋勁很大，但又不會表現出來,會悶在心裡。

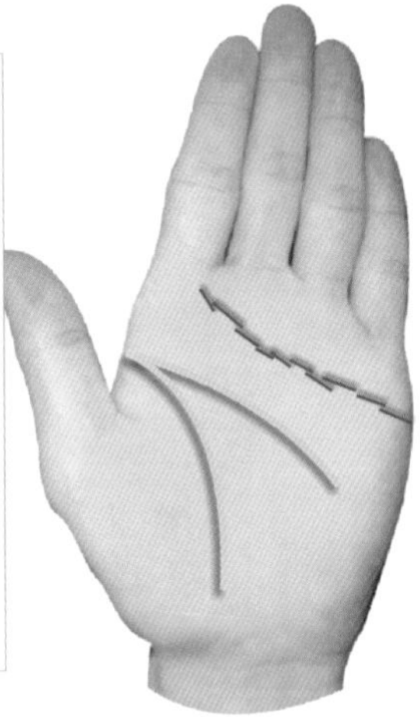

感情線有些紊亂者，在感情的處理上較爲優柔寡斷,會受他人影響。感情生活複雜，會脚踏兩條船甚至多條船，要小心不然會翻船。

感情線的各種障礙線

感情線伸展到
食指及中指處

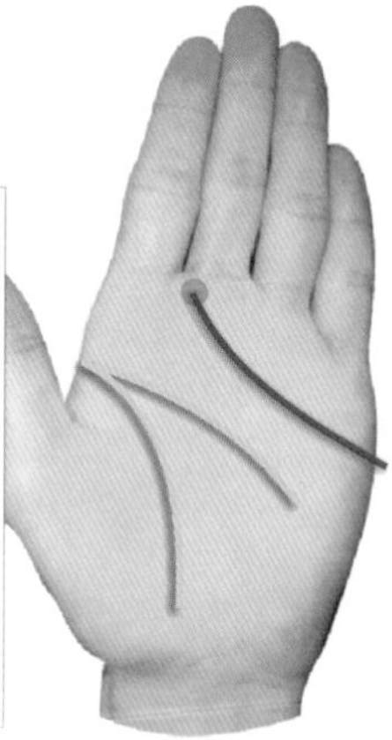

會考慮對方的穩健型，心地善良，少有戀愛困擾。人緣好，所以異性朋友是「一拖拉庫」。

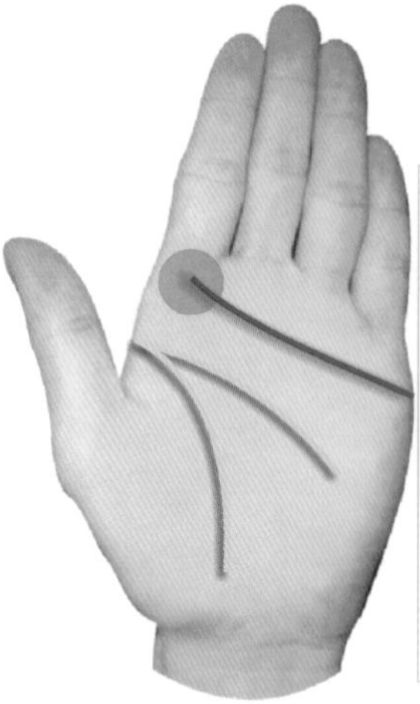

感情線伸展
到食指下方

感情線長達木星丘內，這樣的人通常有婦人之仁，感情太過豐富,心腸軟,是個濫好人，較容易受人欺騙。

感情線的各種障礙線

感情線斷線

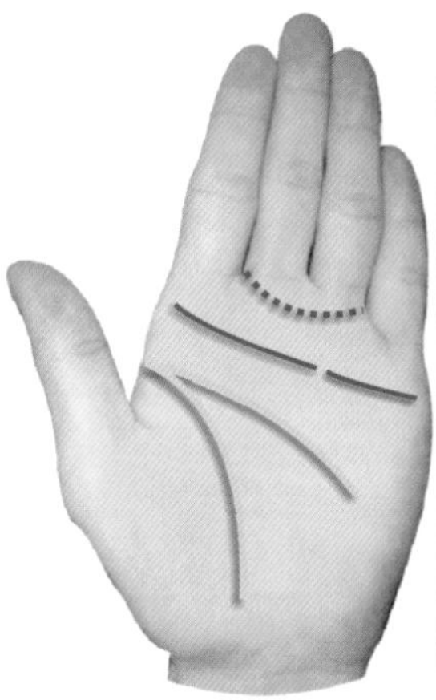

此類紋線的人，多半容易緊張，會在感情上出現一次極爲嚴重的打擊，造成他整個人生觀大大改變，不再相信愛情，寧願一個人就這樣過一生。

補救保護紋

感情線上出現斷紋而有方格或是井字紋將之連接起來，形成了補救及保護措施。有此紋線的人,血液循環不好,但有保護紋，日後會慢慢改善的。

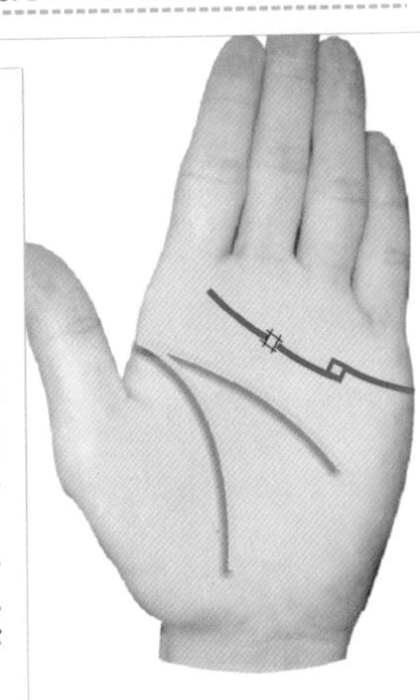

感情線的各種障礙線

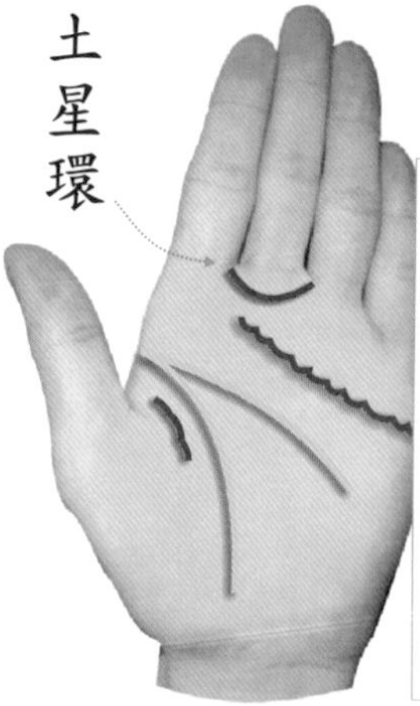

感情線成波紋狀而且出現土星環

一旦陷入戀愛會變得很執著，容易捲入戀愛困擾中。中指下方出現土星環的話，感情會有波折，較不易成功。

感情線如鎖鏈般連接在一起

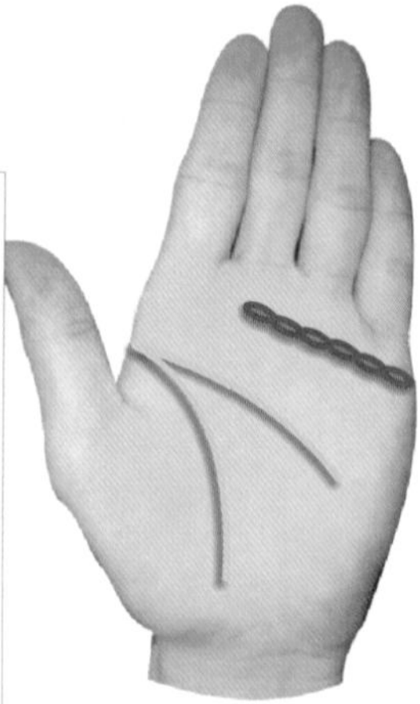

因爲對愛情有敏銳的感受性，不擅長表現愛意，容易單相思。此類紋型的人，身體較虛弱，有貧血的現象。

感情線的各種障礙線

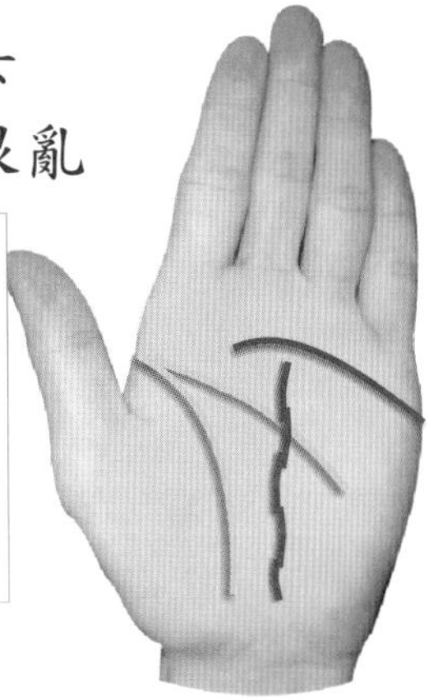

感情線的前端朝下
伸展且命運線也很亂

不能由自己做主，易隨波逐流，很容易有依賴對方的情況。

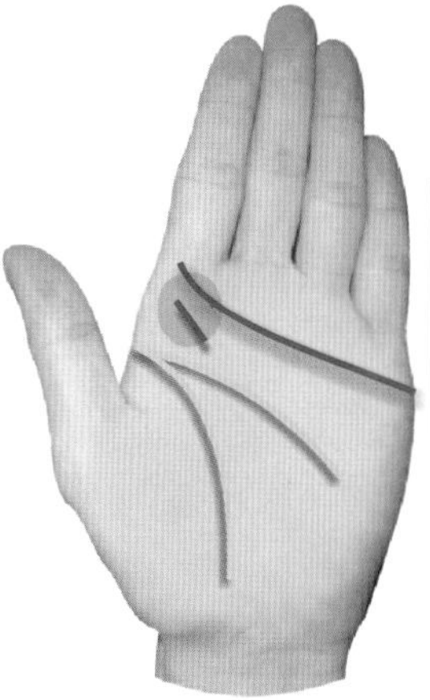

感情線伸展
到食指的根部

擁有此類紋線的人，心地非常善良而且樂於助人，戀愛過程非常順利，婚後是稱職的好先生及好太太、好媳婦。

感情線的各種障礙線

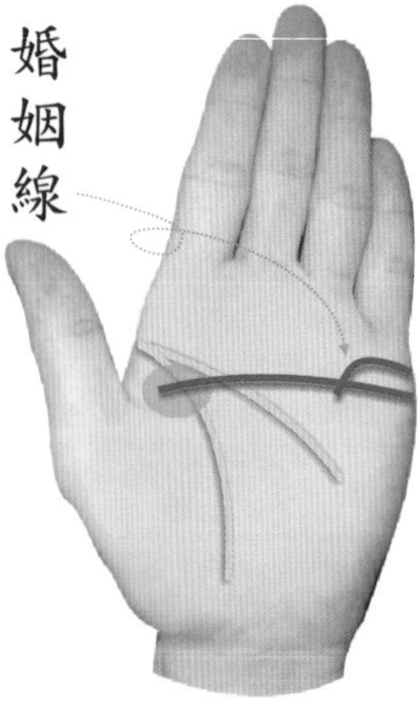

感情線伸展
到生命線處

此種情況表示快要失戀了，如不調整心情改變態度，可能難以挽回多年經營的感情。

感情線上有很多
朝下的支線

被愛情沖昏頭的型，對事優柔寡斷，不專一，較不理性，感情用事，以致產生感情糾紛而影響到事業的發展。

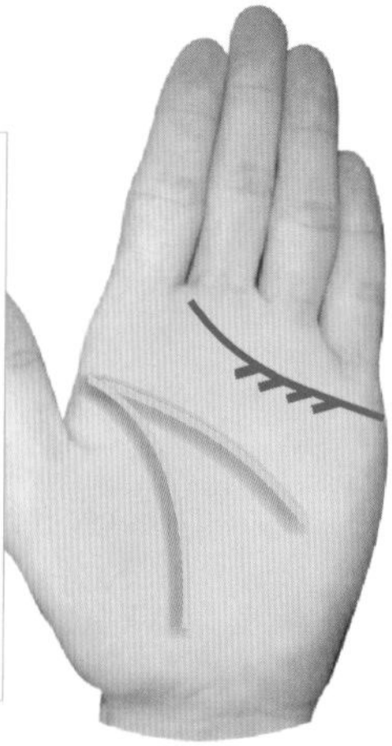

感情線的各種障礙線

感情線上出現了好幾條朝上且細細的線的人，感情豐富，有愛心，又樂於助人，常會忽略女友的感受，所以太博愛也是不行的。

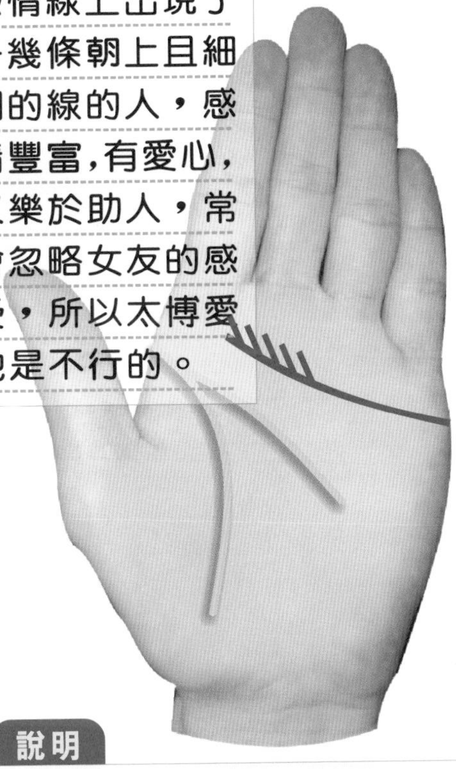

說明

感情線前端如果上下都有像羽毛狀的手紋，表示這個人很熱情、大方，有雙重性格。

感情線的各種障礙線

感情線末端出現了流蘇紋線，此人太有魅力,桃花較多,異性緣很好，本身情感易生波瀾。避免隨便對人放電。如果從事演藝、公關、業務等工作，是很有幫助的。

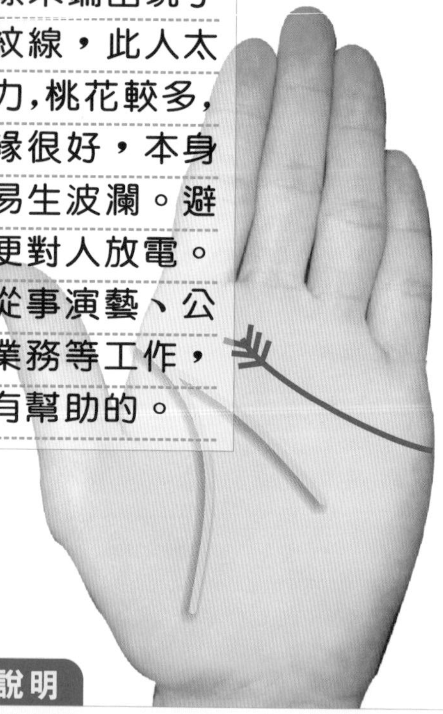

說明

有此紋路出現時，是神經過敏現象，因積存了精神性的疲勞，所以會引發心臟血管及胃腸方面的毛病。

什麼是金星環

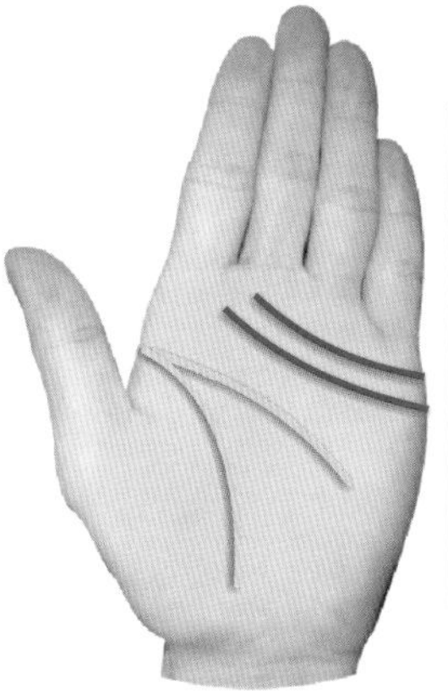

兩條感情線

出現在感情上方的另一條感情線，又稱「天紋」，有此線的人，大都會以離婚收場。

感情線的前端離指頭的根部相當遠且有放縱線或金星環或有活力線。

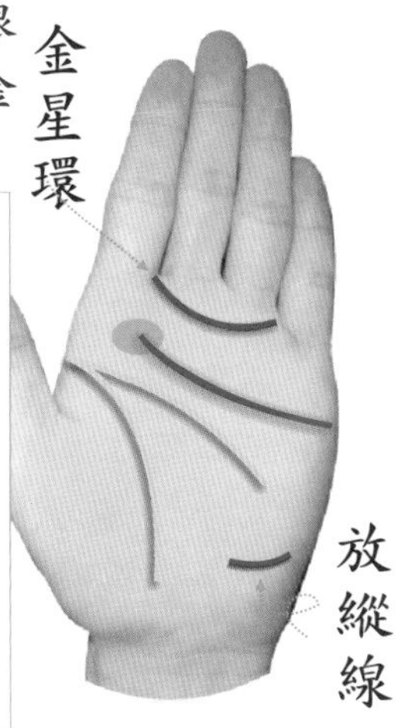

金星環主敏感、情慾、情緒變化。金星環完整又清楚，主對藝術、文學、音樂方面有天分。而放縱線是因有不良嗜好而破壞健康。

什麼是金星環

感情線為鎖鏈狀，
生命線或智慧線上
也有鎖鏈狀。

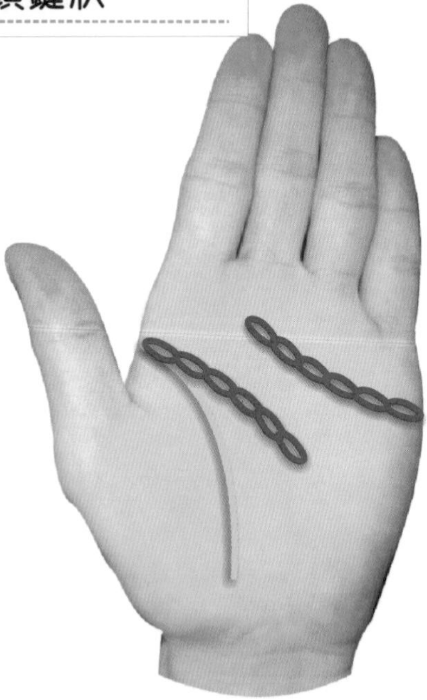

會由於精力減退或精神過敏
對性生活較無趣。

什麼是金星環

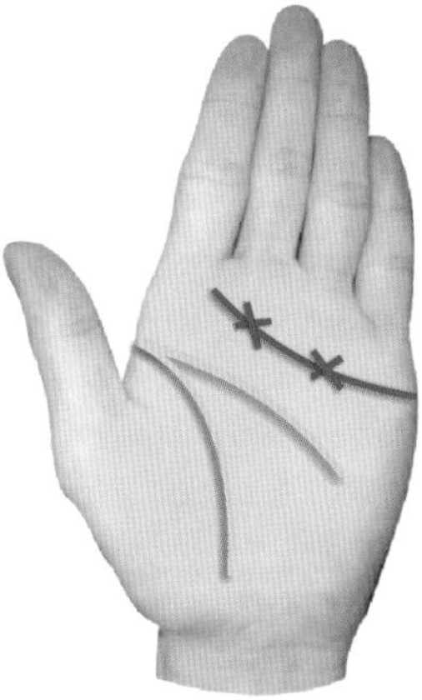

感情線上出現
X字紋

戀愛過程不順利ㄛ！
神經不要太大條，放
輕鬆！就算有阻礙，
就當作考驗吧！
下一個會更好！

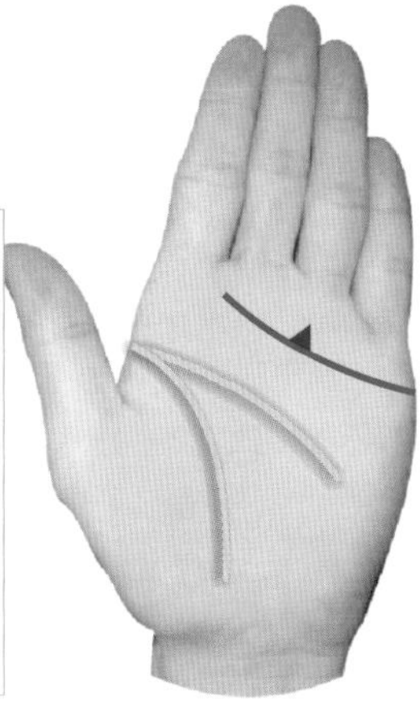

三角紋

此紋出現，要注意
自己的頭部及眼睛，
另一半也要多關心
一下，容易有血光
之災。

什麼是金星環

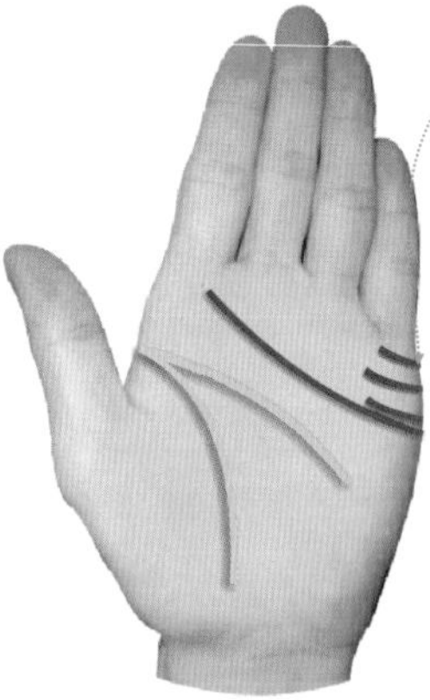

婚姻線
的位置

接近小指根，適合晚婚。位於小指根和感情線的中間，會在適婚期結婚。離感情線近的線，不要早婚。

在感情線之下
有一橫線

此種線叫自我主張線，表示爲人耿直有正義感，太堅持己見愛情會破局。

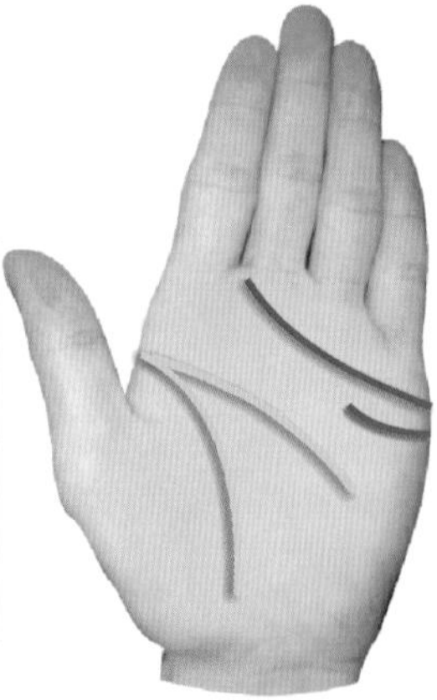

什麼是斷掌

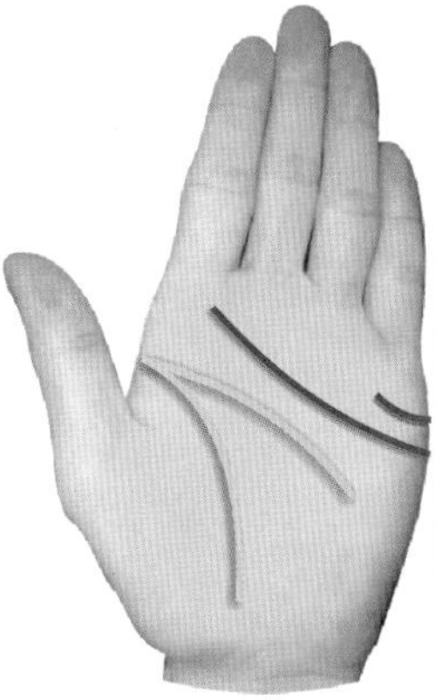

感情線清晰且只有一條婚姻線，爲理想的婚姻線。

感情線橫切過手掌

此線俗稱斷掌，事業心重,做事積極,自尊心強，至於剋夫，須參照婚姻線與命運線才能作論斷。女性大都爲職業婦女,適合晚婚,都是白手起家。

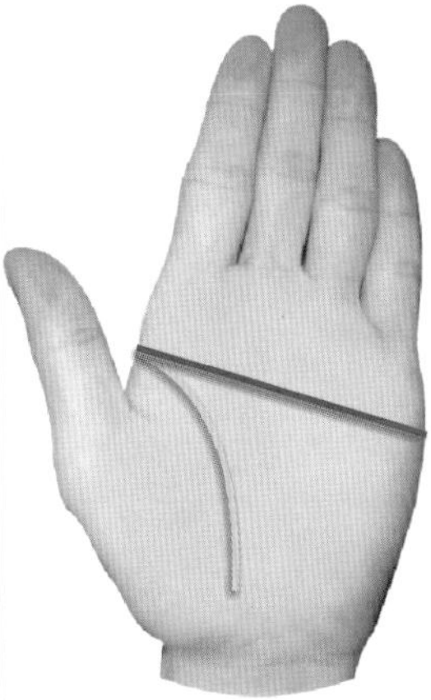

什麼是斷掌

有一條明顯的金星環，此人性魅力很強、很旺盛。此線亦代表藝術性美感。

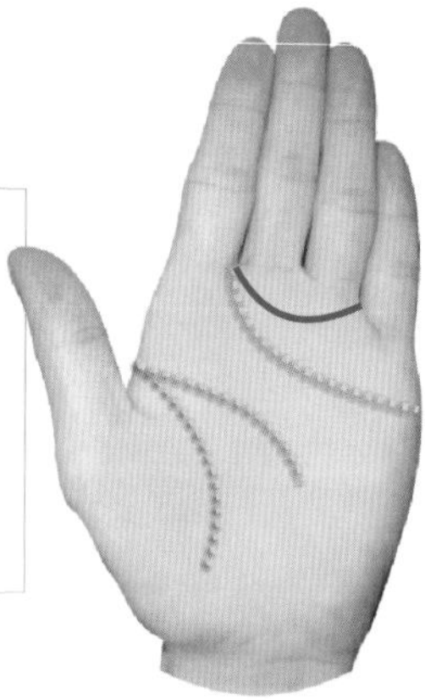

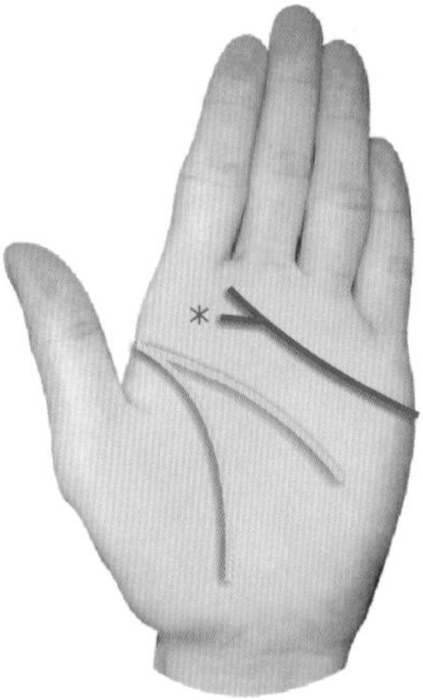

感情線的前端分成兩條

有愛心、富責任感、重情義、社交人緣好，受歡迎的人物是最棒的公關人才，適合走演藝圈。

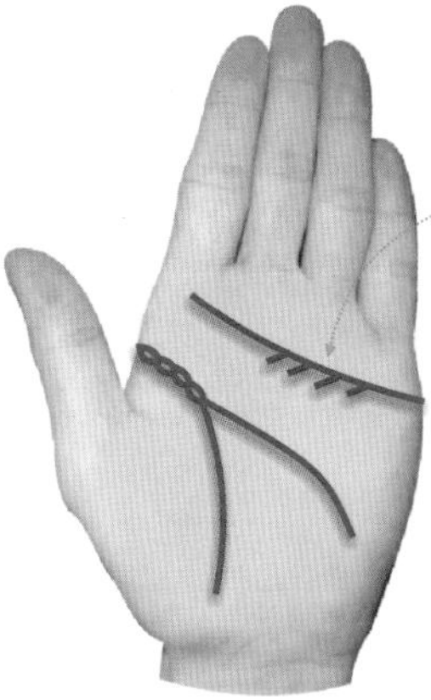

感情線向下伸出許多支線

用情不專，會腳踏多條船，有時會感情用事，導致影響到正常工作及事業的發展。

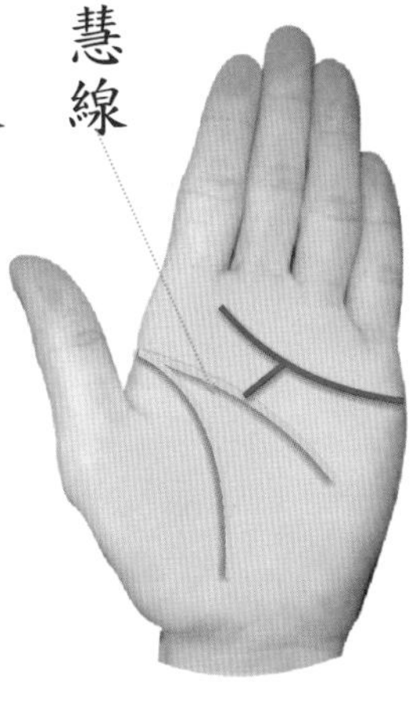

感情線有一條支線連向智慧線

這是屬於理性與感性均衡的安定線。可以妥善地讓戀愛與工作並進。

什麼是斷掌

看感情線指向哪裡

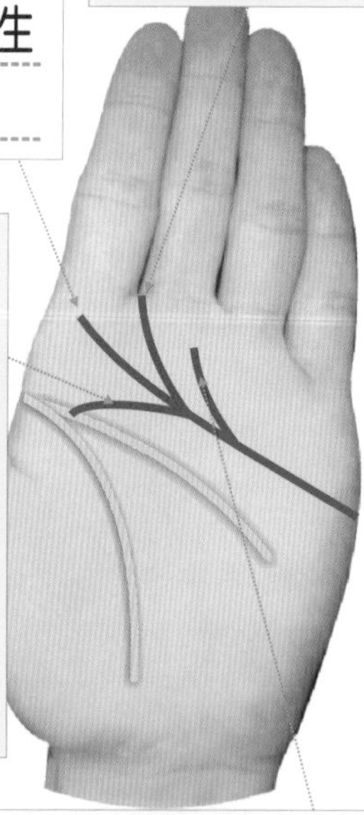
在食指與中指之間，是溫柔體貼的人，很愛家，一旦愛上對方就會無怨無悔。
到達木星丘，爲人誠實、可靠，重情義，感情生活不易變質。
延伸向火星丘時，多半容易感情用事而喪失理智，不擇手段，這很容易上頭版新聞的ㄛ。
延伸向土星丘時，爲人較任性也比較會精打細算，傾向現實主義，較薄情。

什麼是寵愛線

寵愛線到達命運線，戀愛成功，會開花結果，也表示會得到配偶的助力。

寵愛線超過命運線，會走上紅地毯的那一端，卻因生活細節或其他原因而導致婚姻出現裂痕而分手。

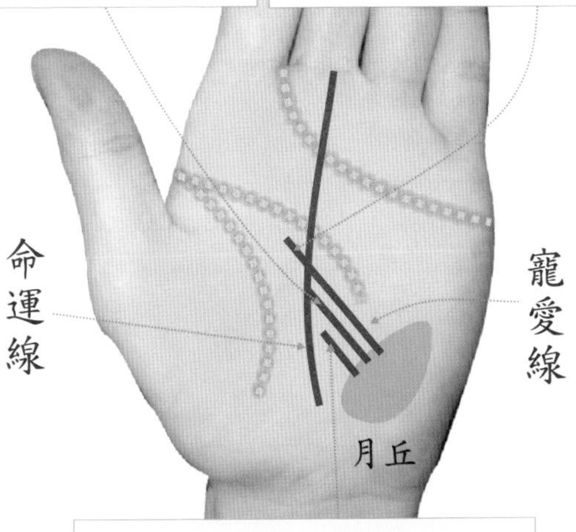

寵愛線沒有到達命運線，最後可能沒有結果，無法結婚。

婚姻線從那裡看

結婚線的末端急轉彎伸向小指，會因等待理想的結婚對象而錯過適婚期。

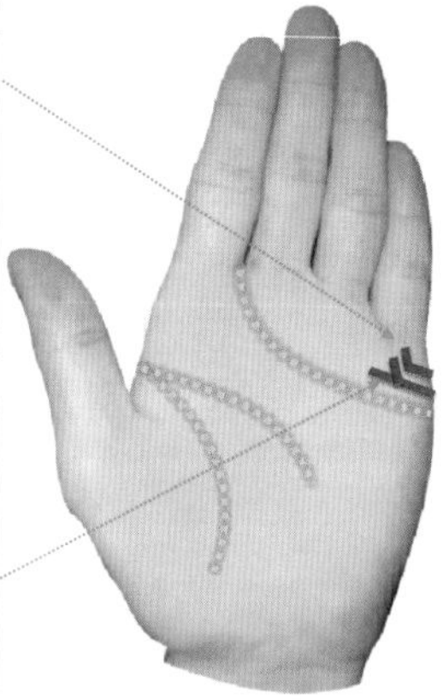

結婚線的半途出現支線伸向小指，認爲工作重於婚姻，婚後仍會繼續工作。

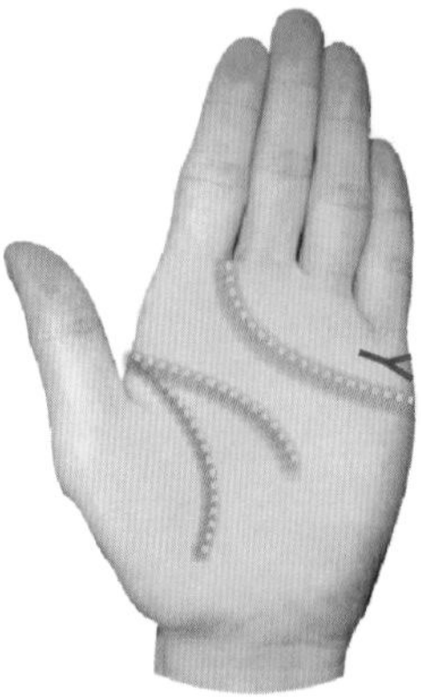

兩條結婚線在半途合爲一條，表示會克服一切的障礙，非常戲劇化而結婚。

婚姻線從那裡看

在結婚線的上下有間隔對等的平行線，暗示爲人花心會有外遇情形。

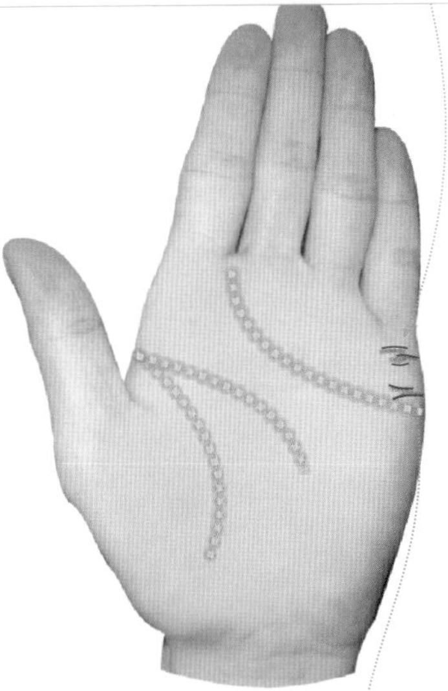

下垂的結婚線上面又出現別的結婚線，表示對配偶的愛情冷卻，對外遇的對象認眞了起來。

婚姻線從那裡看

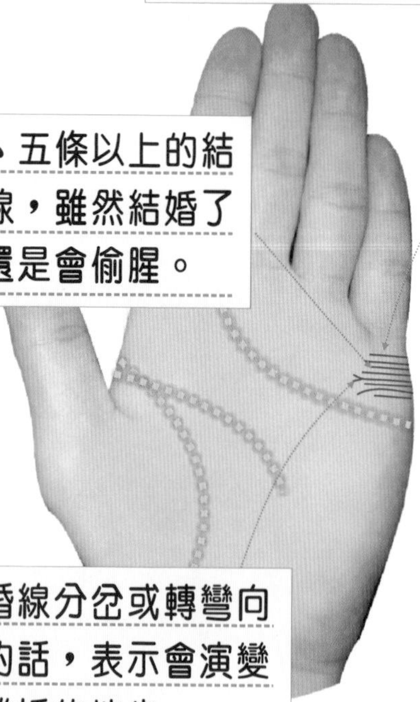
結婚線是直線的話，表示還不至於演變到離婚的地步。
四、五條以上的結婚線，雖然結婚了但還是會偷腥。
結婚線分岔或轉彎向下的話，表示會演變到離婚的地步。

婚姻線從那裡看

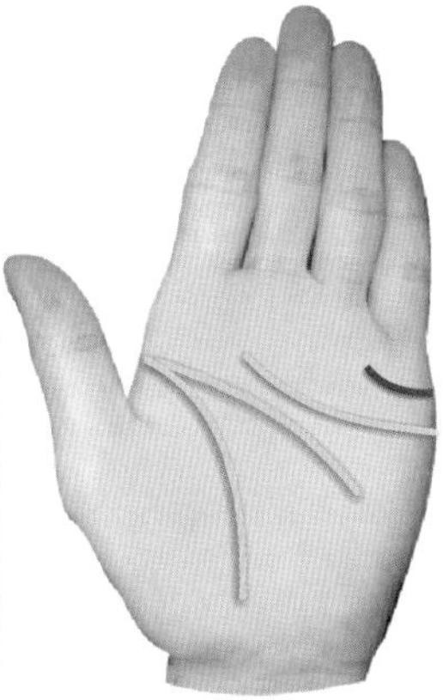

婚姻線的前端朝上升

對結婚會採積極態度，不管挫折多大，會跨越困難。

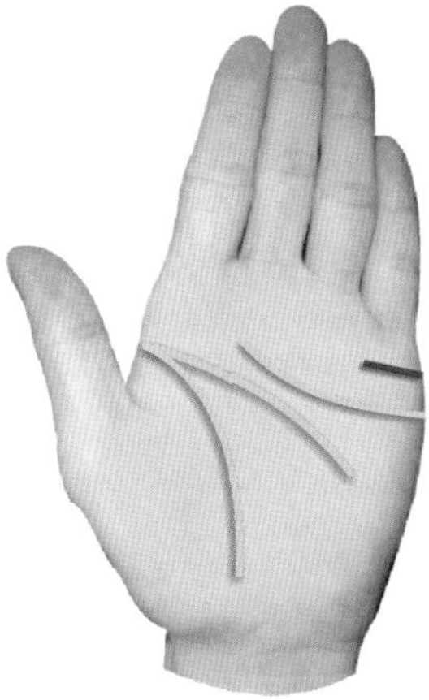

婚姻線直直的伸展

是屬於現實主義型，結婚後能得到安定生活。

婚姻線從那裡看

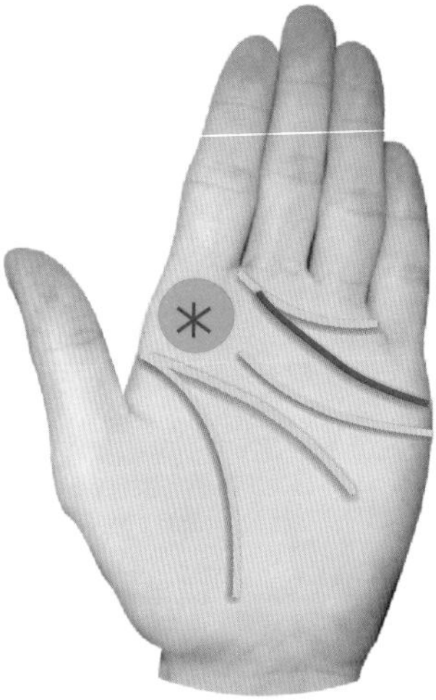

婚姻線伸展到中指及食指處又遇上金星環。

是屬於願望能達成型，能夠獲得所想要的幸福。

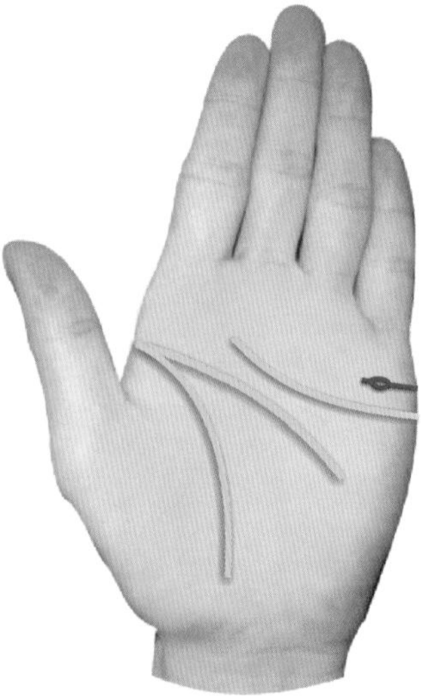

婚姻線上顯現出島紋

會表現不安與不滿的類型，容易在婚姻上有歧見而產生問題。愛情生變因而分居或離婚，島紋越大影響越大。

婚姻線從那裡看

婚姻線的末端下垂

輕微下垂，表示結婚久了感情變淡了，或配偶健康較差了。

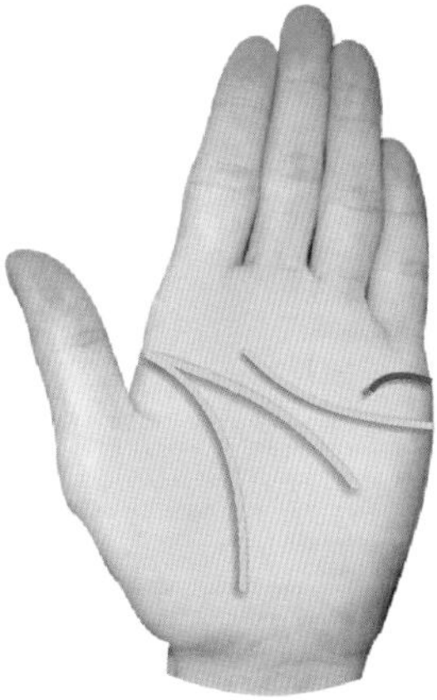

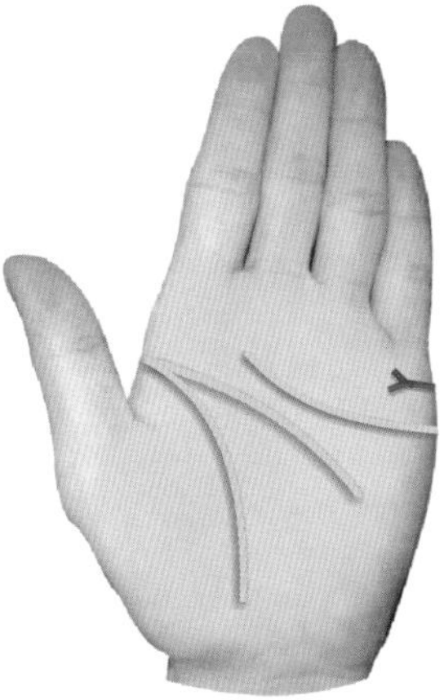

婚姻線的前端分岔成兩股

主夫妻因長時間分離而離婚，若只是小叉，則表示有一段時間聚少離多。

二次婚姻線的判別

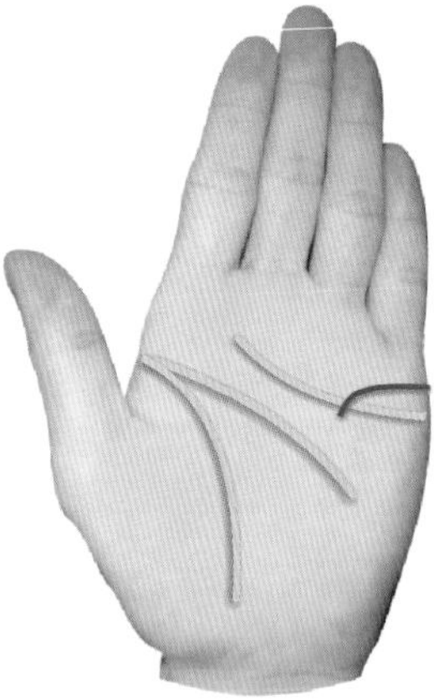

婚姻線末端明顯
的切過感情線

表示配偶因疾病或
意外事故而喪生，

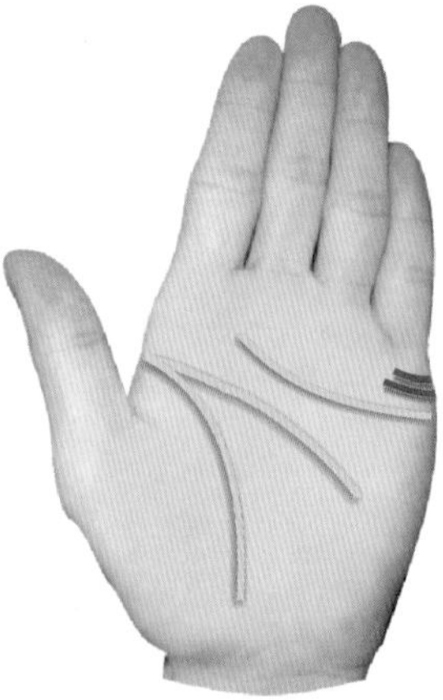

有兩條清晰的婚姻線

會有再婚的傾向，
經歷二次結婚的可
能性很高。

二次婚姻線的判別

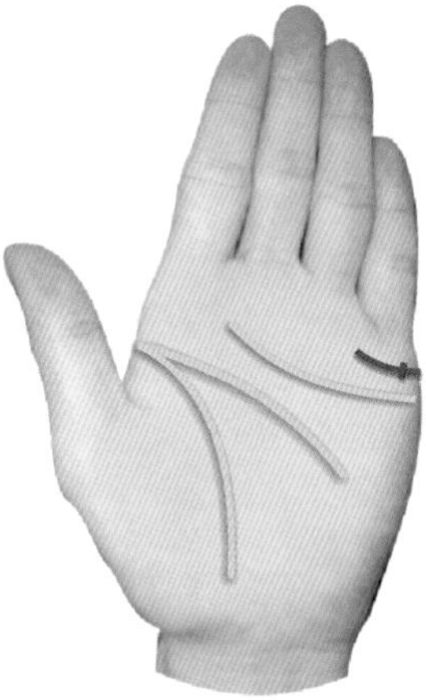

婚姻線上有
橫線切過

婚前會受到他人的阻礙與反對，婚姻線本身夠粗深的話，可攜手突破外來的阻力及困境。

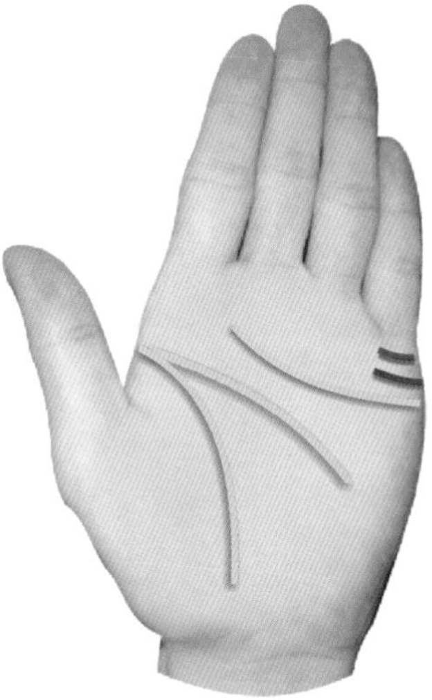

有兩條同樣長度的婚姻線漂亮的伸展著

一生中會有兩次大戀愛的機會，結婚前經歷大戀愛的可能性很高。

二次婚姻線的判別

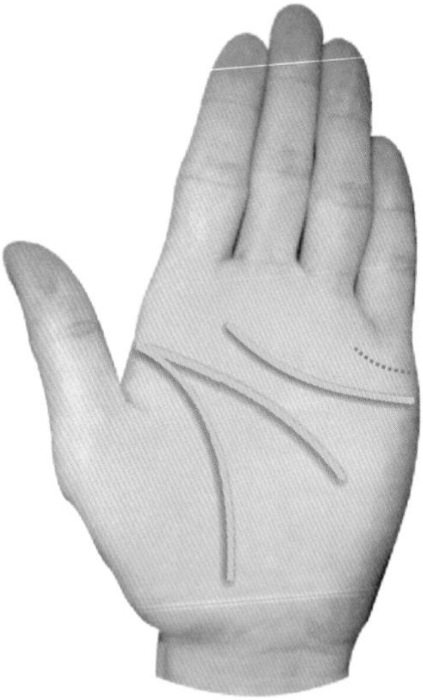

沒有婚姻線或是很淡

異性緣薄，內心有逃避婚姻的傾向，也是自己不願意面對婚姻。

婚姻線形成了井字紋

人生在婚姻的過程中好像很不順，總是因周圍的反對而無法結婚。

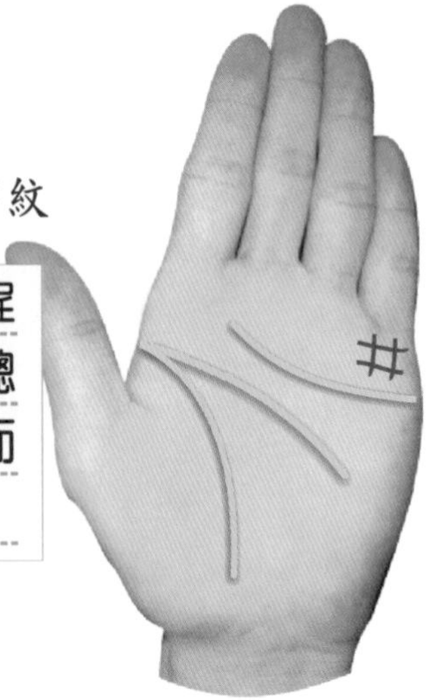

二次婚姻線的判別

婚姻線上顯現朝下的多
條障礙支線

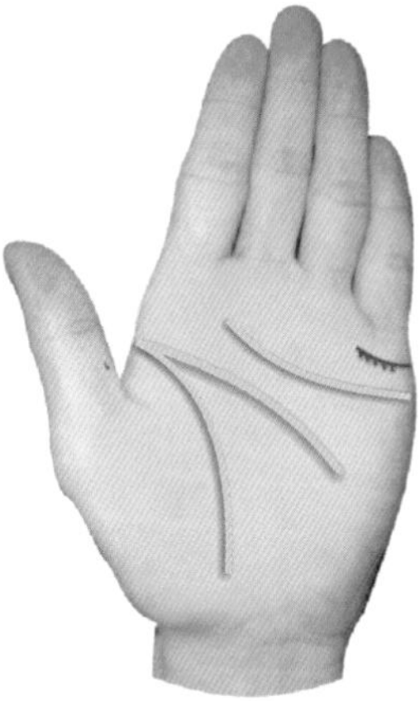

總是為了家庭成員傷腦筋，如婆媳、教育、經濟等問題而煩惱，做人真的辛苦啊！

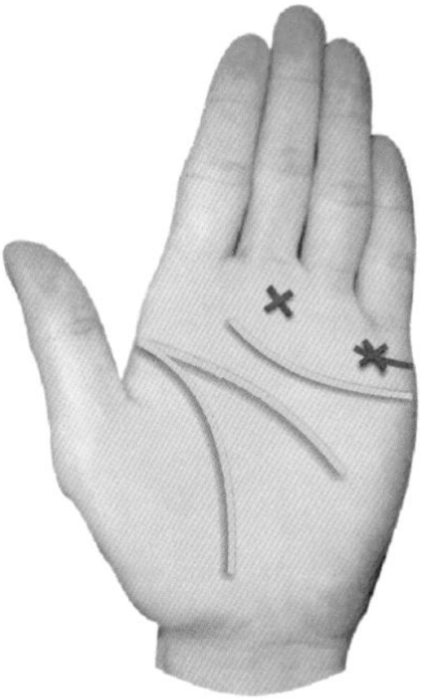

婚姻線末端
顯現X字紋

主配偶因意外災禍而死亡。

第六單元

由命運線論吉凶

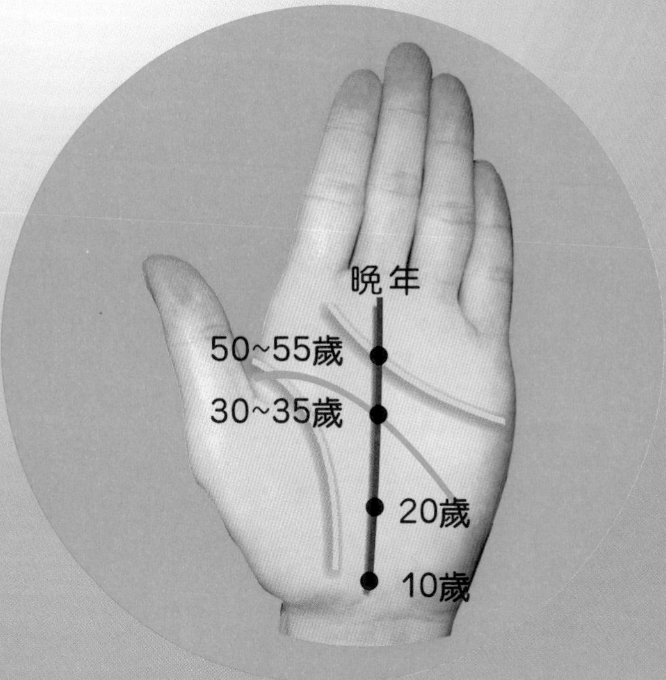

由命運線看流年變化

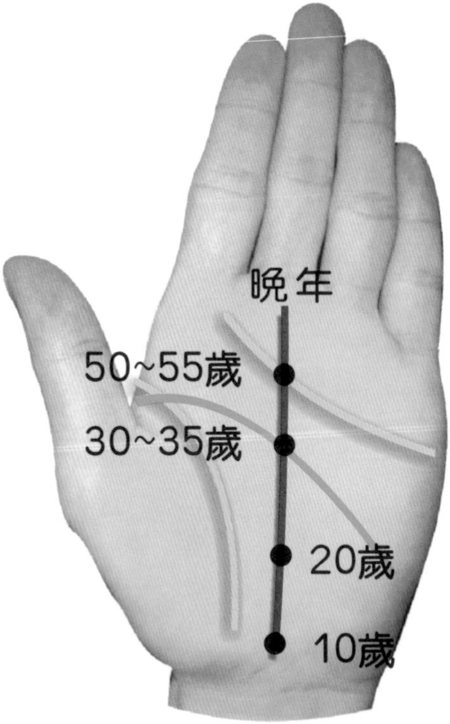

說明

命運線明顯的人，比較容易成功，筆直伸展的命運線是強運的證明，看幾歲附近有變化，代表會有轉機，

由命運線看流年變化

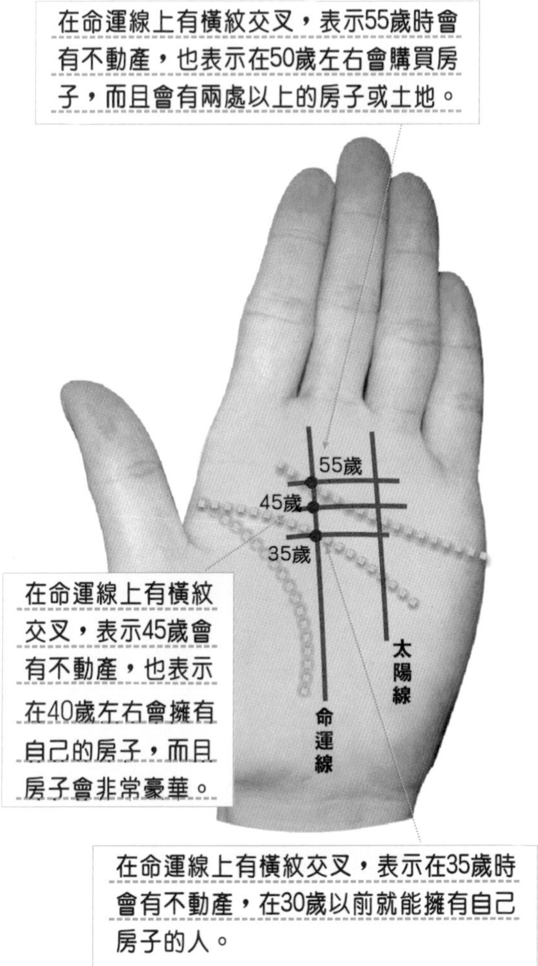
在命運線上有橫紋交叉，表示55歲時會有不動產，也表示在50歲左右會購買房子，而且會有兩處以上的房子或土地。
55歲
45歲
35歲
太陽線
命運線
在命運線上有橫紋交叉，表示45歲會有不動產，也表示在40歲左右會擁有自己的房子，而且房子會非常豪華。
在命運線上有橫紋交叉，表示在35歲時會有不動產，在30歲以前就能擁有自己房子的人。

各種命運線的意義

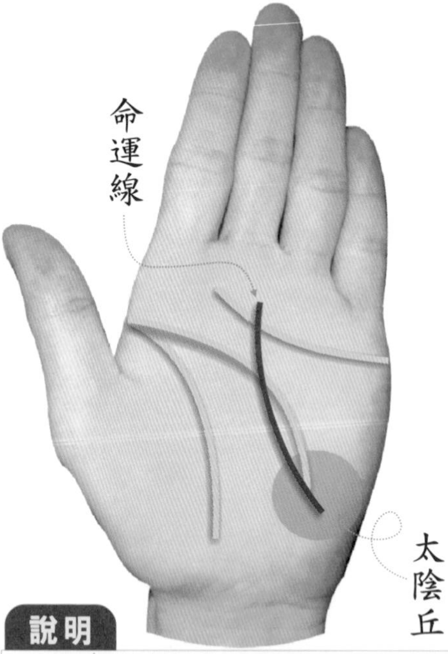

說明

命運線起至太陰丘，表示得到他人的協助而開運，適合與大眾或接觸國外的行業，如服務業、大眾傳播、貿易等等。

各種命運線的意義

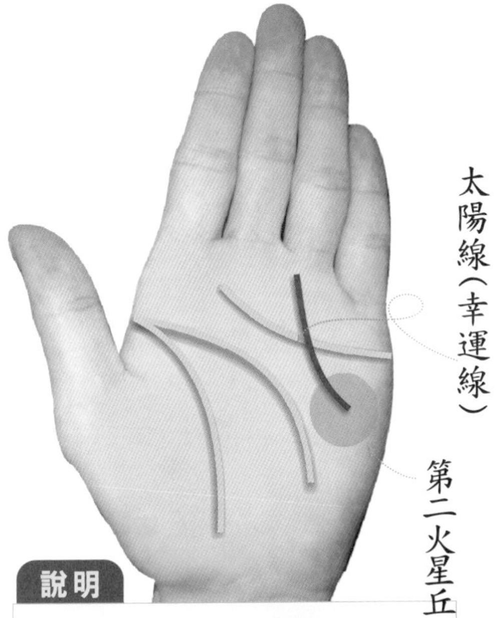

說明

由第二火星丘出發（或太陰丘的上方）向無名指的太陽線(幸運線)，會意外遇到貴人而得到好運氣，此時凡事心想事成。

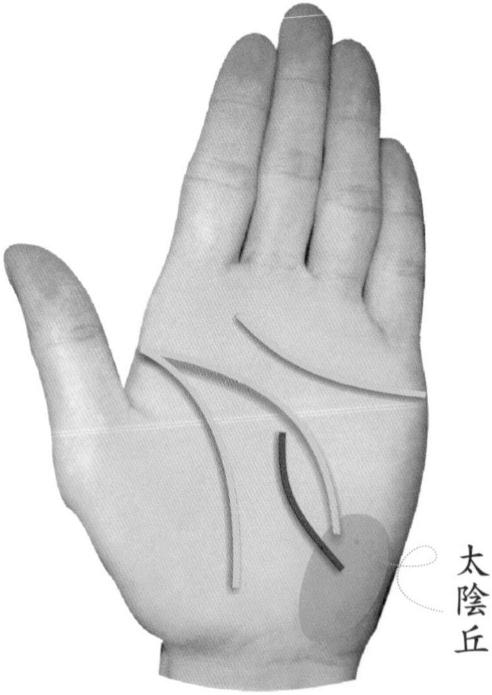

說明

此人會活躍於團體之中並且可出人頭地，在公司中可擔任重要角色。

各種命運線的意義

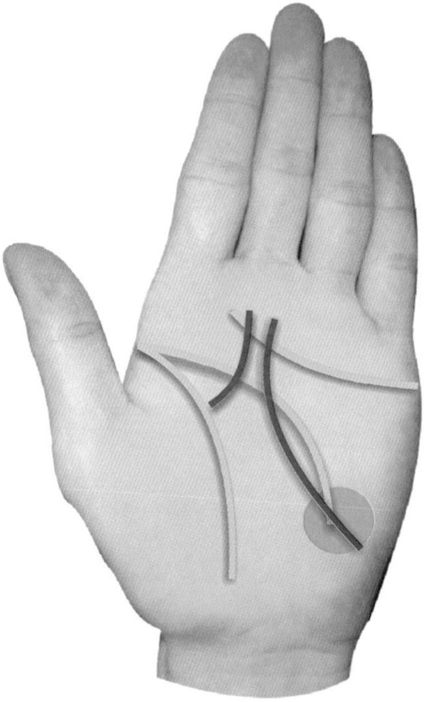

說明

除了在公司有正常工作外,還會有兼職的情況。

各種命運線的意義

事業線出現向上支線，表示在事業上有發展、升職的機會，只要好好把握，事業一定能攀向另一個高峰。

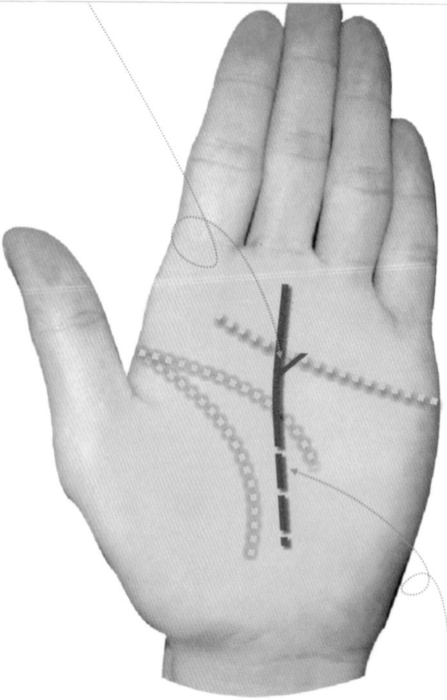

命運線細分成小小段，表示容易錯過許多工作機會，運氣正處在下降運的時期，此時要自我催眠，加強念力。

各種命運線的意義

木星丘或命運線上有星紋，可能會轉業、升遷或榮調。

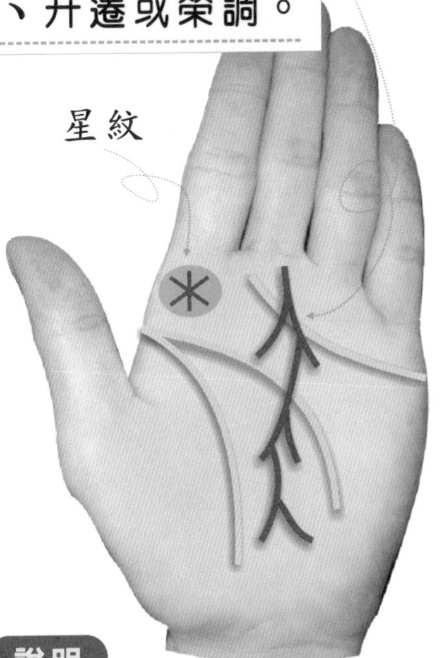

說明

在目前的職位上會盡最大的努力而求轉型成功。

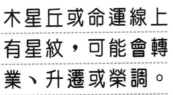

各種命運線的意義

由太陰丘的命運線延伸到手掌中心，然後碰上好幾條的命運線伴隨伸展。

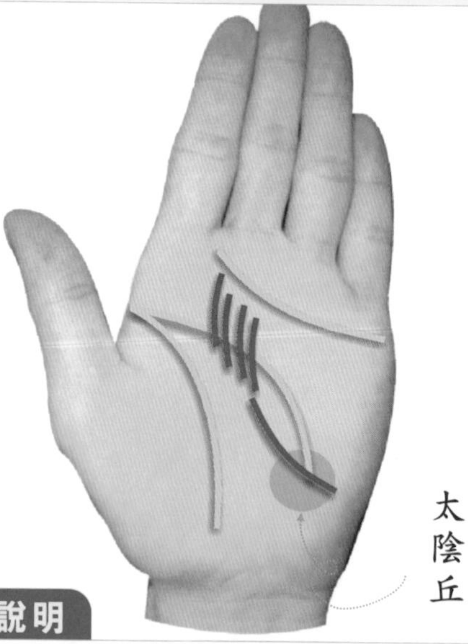

說明

一生認真工作，在家庭中更能享受親子同樂，屬愛家型，全家能得到幸福、美滿。

有兩條命運線的人

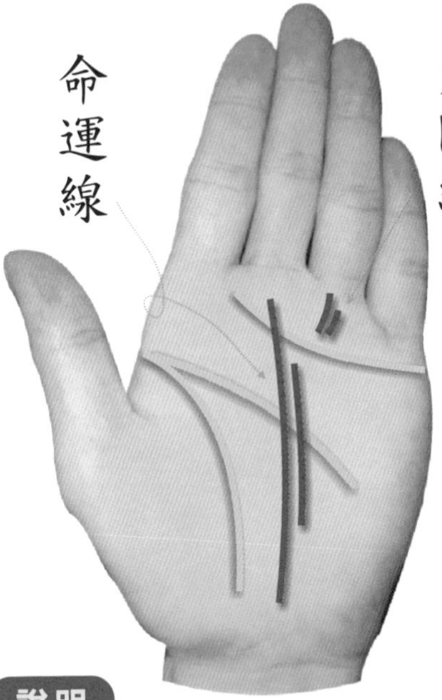

說明

擁有此類紋線的人，能力特強，能跨足兩種行業而且經營得有聲有色，在事業的成上高人一等。

有兩條命運線的人

命運線的上半段不明顯，下半段很明顯，是屬於早熟型人物。

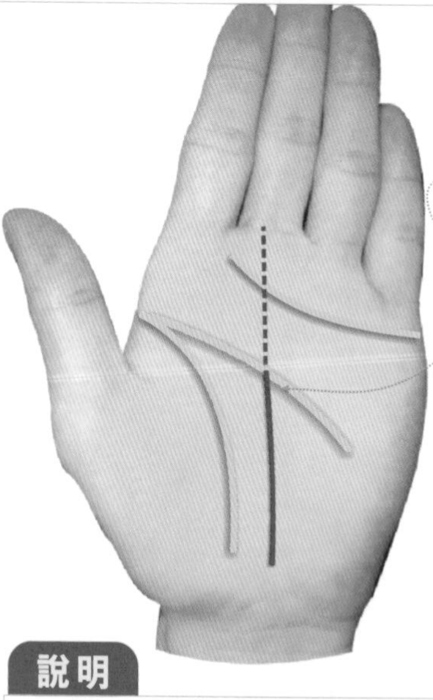

說明

這是小時了了、大未必佳的寫照，年輕時有較佳的運勢，要注意中年以後可能會失掉工作喔。

有兩條命運線的人

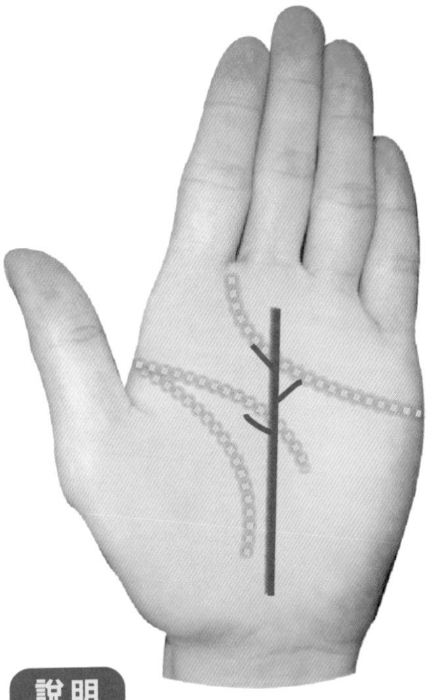

說明

命運線出現多條朝上支線時，表示要走運了，會在正業之外獲得許多發展的機會，要好好把握。

有兩條命運線的人

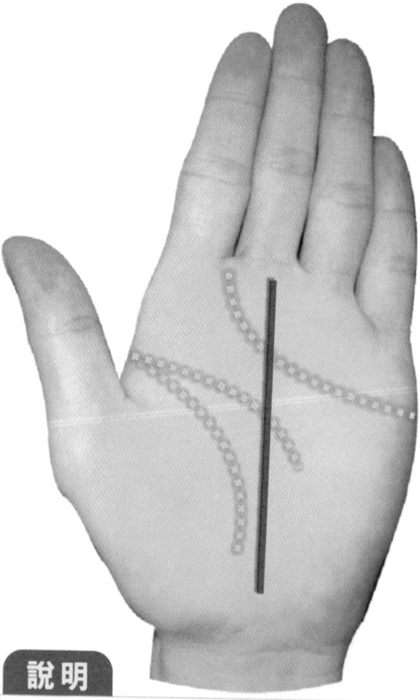

說明

命運線很明顯的人，在社會上會成爲主角或身爲公司的領導者，在商場上也會非常活躍。

各類型的命運線

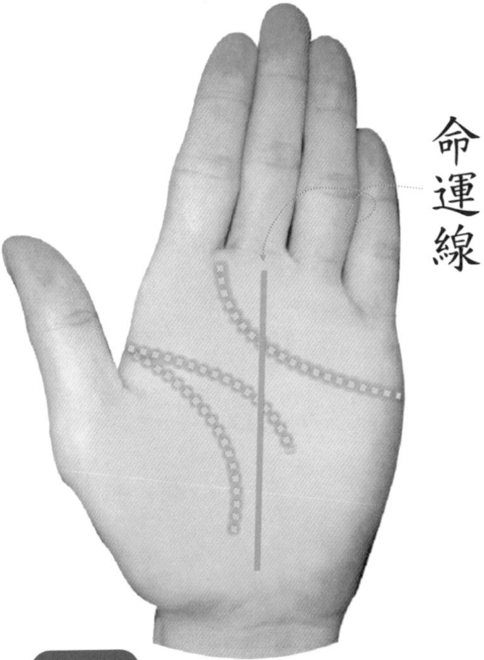

說明

沒有命運線或是命運線很模糊時，將來可以扮演好配角的角色，因個性溫和所以不適合當領導者。

從生命線延伸多條向上的細線，表示樣樣通、樣樣不精，有時還會有半途而廢的情形。

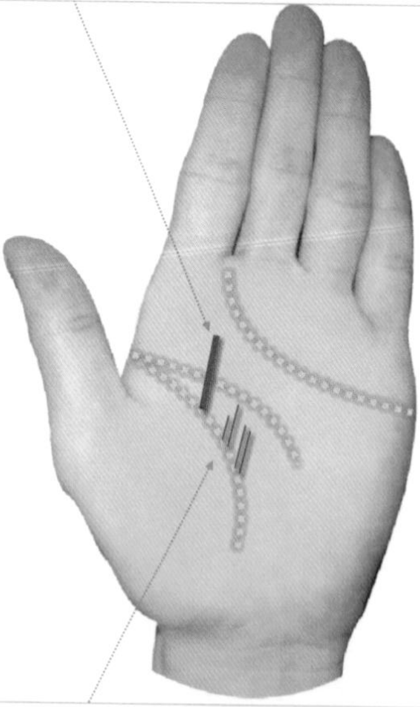

有明顯的向上線時，有時會為了得到勝利不惜付出一切努力，內心有強烈的自我意識，非成功不可。

各類型的命運線

命運線從月丘伸展出來，表示和父母的緣分很淺，會離開故鄉或到國外開創自己的事業。

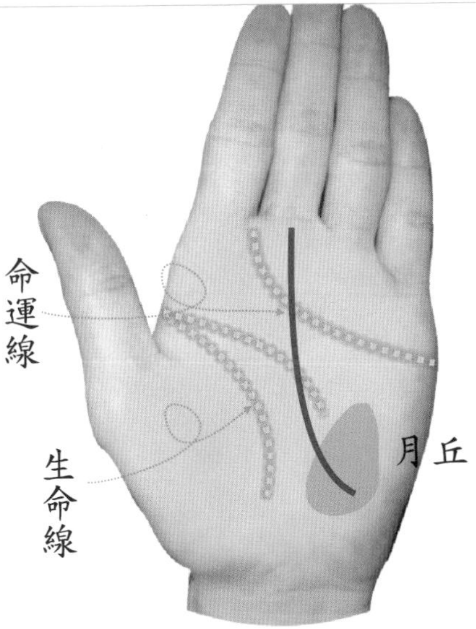

命運線離開生命線時，表示自己會離開父母自行創業，離開得越遠，獨立的意願就越高。

旅行線很長的話，表示旅行或旅居國外的時間很長。

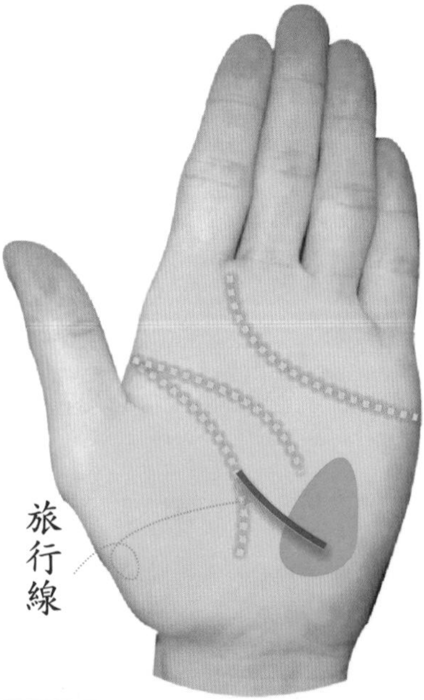

旅行線從生命線正中心延伸出來，表示會離開父母到國外留學或旅居國外。

第七單元

由太陽線
與財運線論吉凶

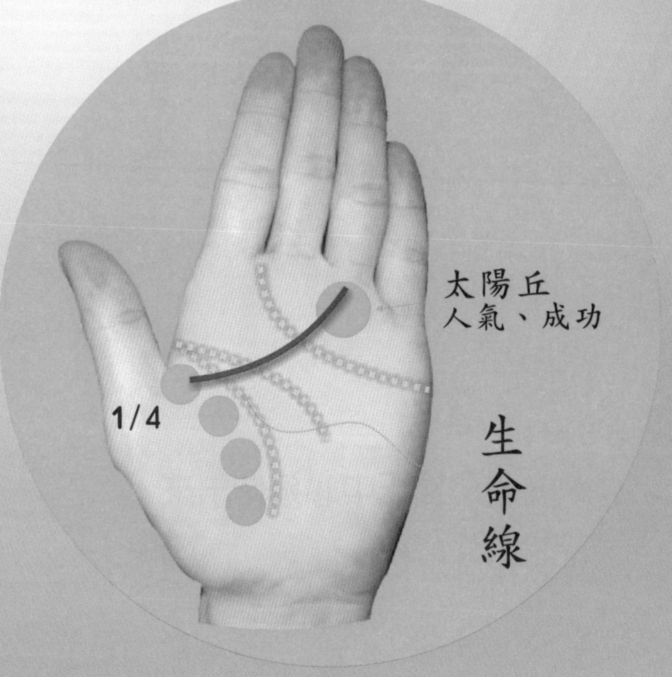

由太陽線看才能

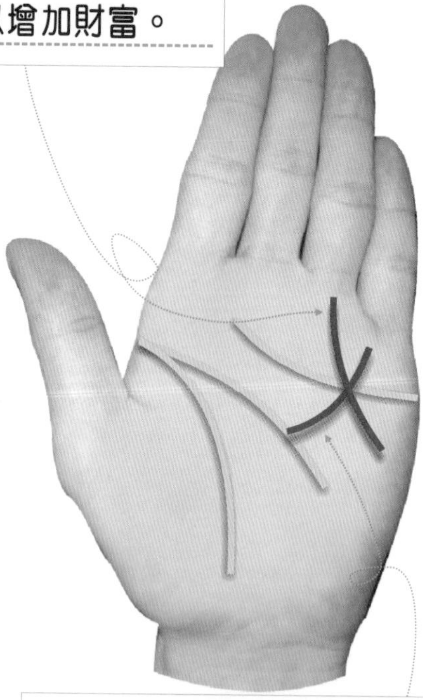

太陽線明顯者，可以活用特殊才能或專門知識以增加財富。

財運線從智慧線開始延伸到水星丘，此人是屬於智慧得財型，動動頭腦就可以提升財運。

由太陽線看才能

太陽線由命運線伸展出來

工作能順利成功型。
財富及名譽兩方面都能在最短的時間內，創造出成功的事業。

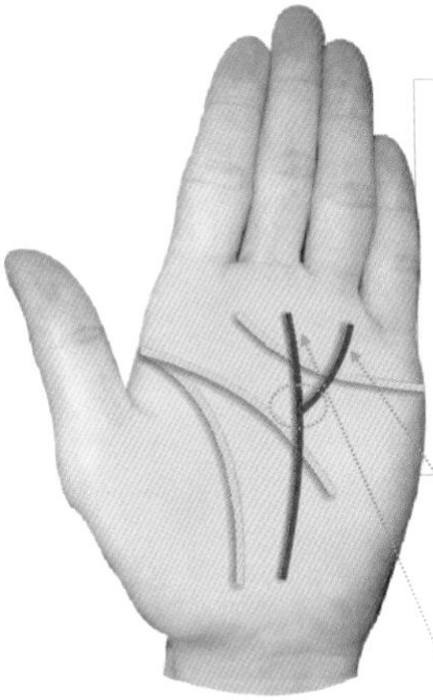

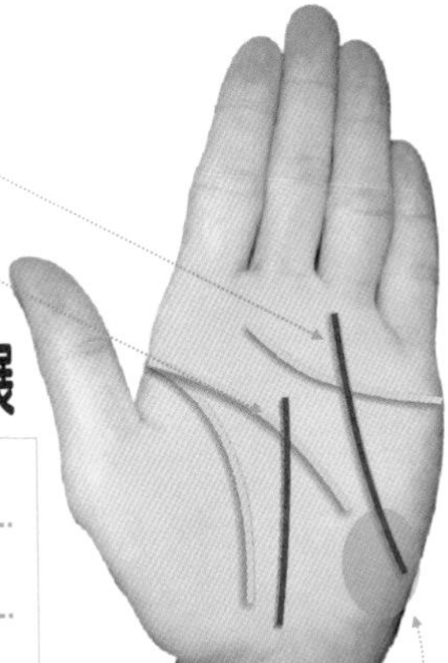

太陽線由太陰丘開始伸展

有創造力的開發型。
善用藝術及感性來創造財運。

太陽線與貴人的關係

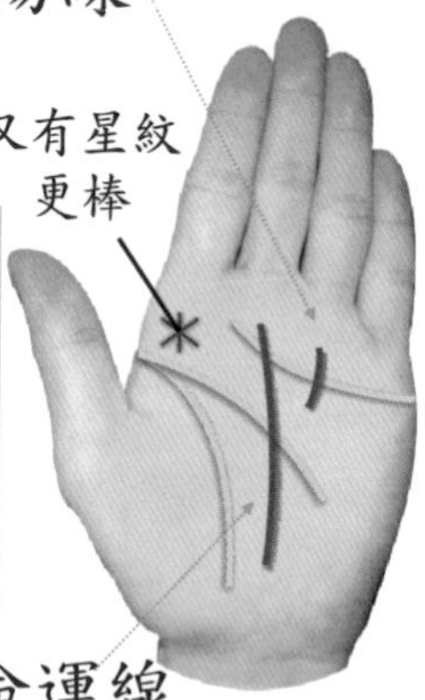

太陽線與命運線平行並清晰地顯現出來

做人成功，貴人明現的強運型。

所有的地位、名譽、財富都可以到手。

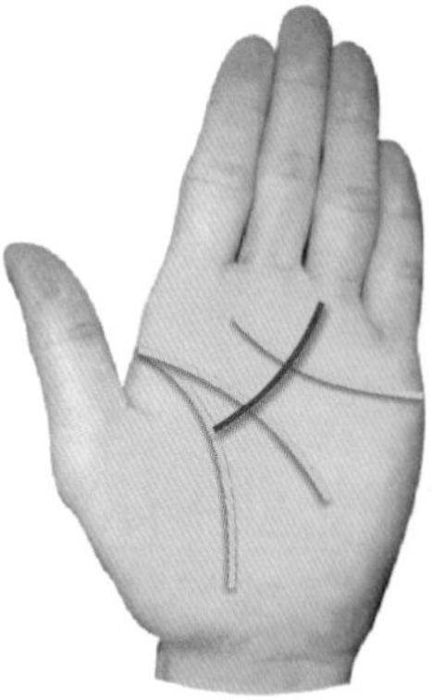

太陽線由生命線伸展出來

擁有天分，能活用個性的類型。

具有相當好的公關交際能力，擅長化敵爲友,行動力強,能很快獲得許多人的幫助。

太陽線與貴人的關係

兩條太陽線清晰地伸展著

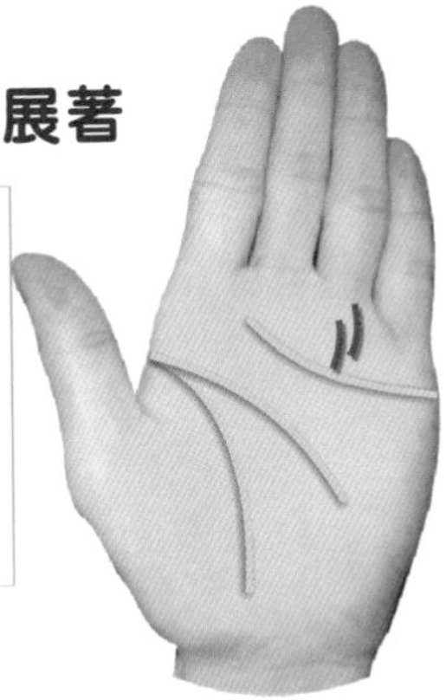

一生用智慧及靈巧取勝，可以在兩個種類不同的職場上得到成功的機會。

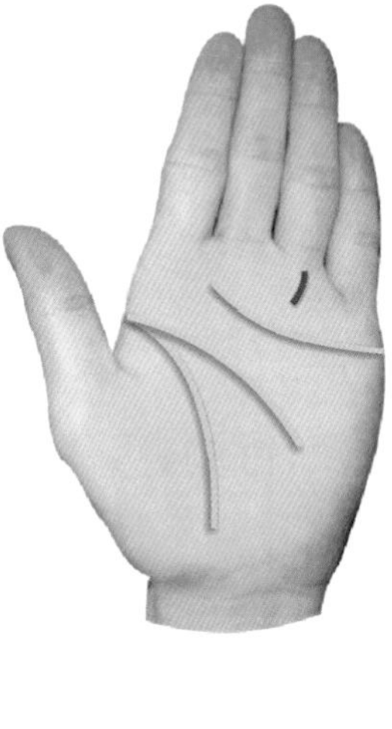

太陽丘的上方出現了明顯而短的太陽線

年輕受磨練，屬晚年成功型，越到晚年財運越好。

太陽線與工作事業的關係

太陽線上出現了星紋

屬受到群衆擁戴的高人氣型，有群衆魅力及獲得衆人財的機會，也能在人生舞台上受到大家的肯定。

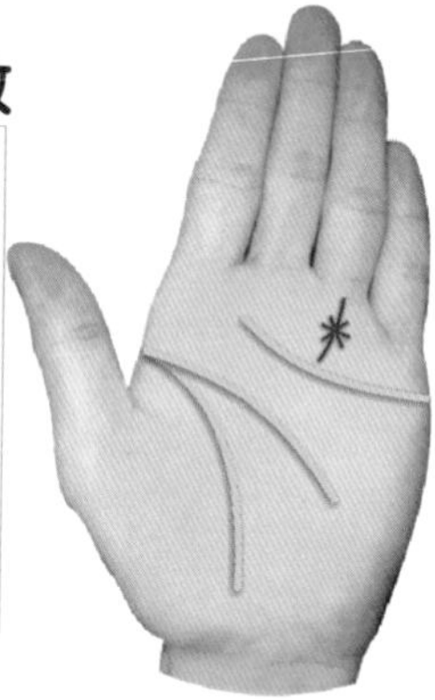

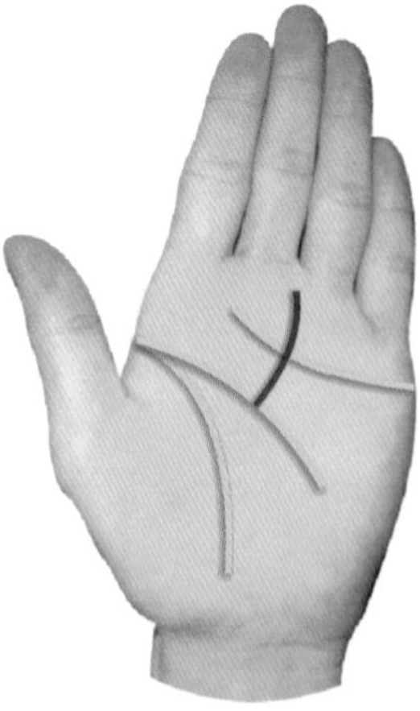

太陽線由智慧線處伸展出來

能力相當好，但要到三十五歲以後，人際關係及財源如泉湧般進來，此時嘗到倒吃甘蔗，香甜甘美，從此邁入人生最順利的階段。

太陽線與工作事業的關係

太陽線延伸到感情線

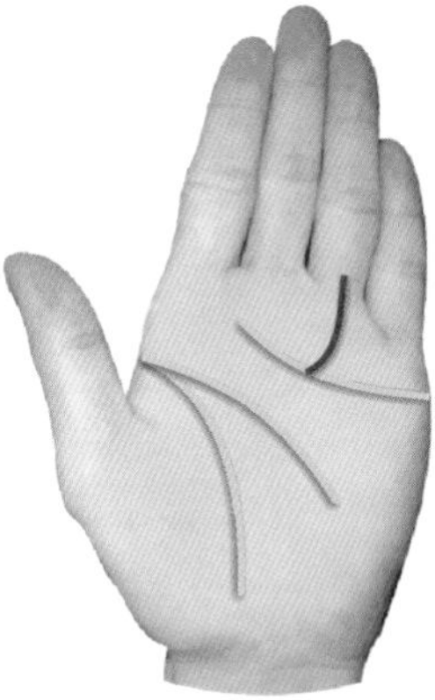

早年多半在幫他人盡心盡力，累積了多年的經驗，五十歲之後，自己的舞台事業即將發揚光大，屬大器晚成。

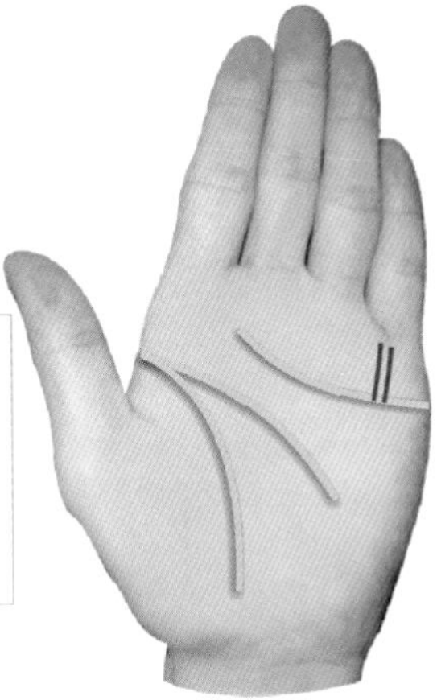

有兩條清晰的財運線，顯示將擁有很強的財運。

太陽線與工作事業的關係

從生命線內側四分之一處伸出的太陽線

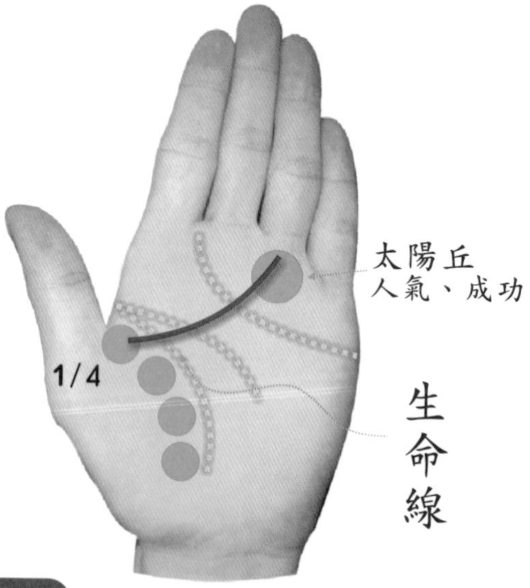

說明

能受到長輩及異性的疼愛，藉此得到人氣和成功型。未來結婚對象以年長者爲佳。

由財運線看財運狀況

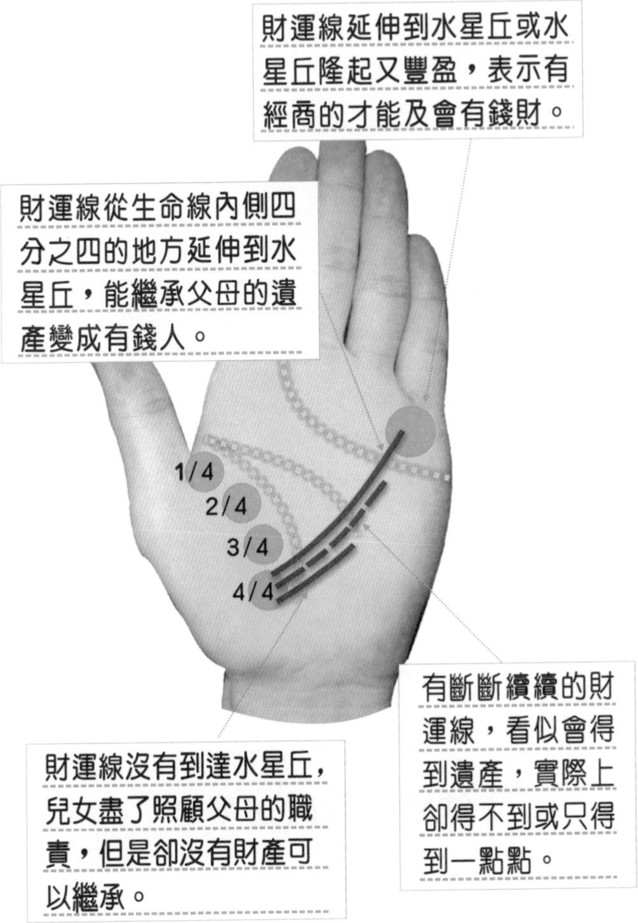
財運線延伸到水星丘或水星丘隆起又豐盈，表示有經商的才能及會有錢財。
財運線從生命線內側四分之四的地方延伸到水星丘，能繼承父母的遺產變成有錢人。
1/4
2/4
3/4
4/4
有斷斷續續的財運線，看似會得到遺產，實際上卻得不到或只得到一點點。
財運線沒有到達水星丘，兒女盡了照顧父母的職責，但是卻沒有財產可以繼承。

由財運線看財運狀況

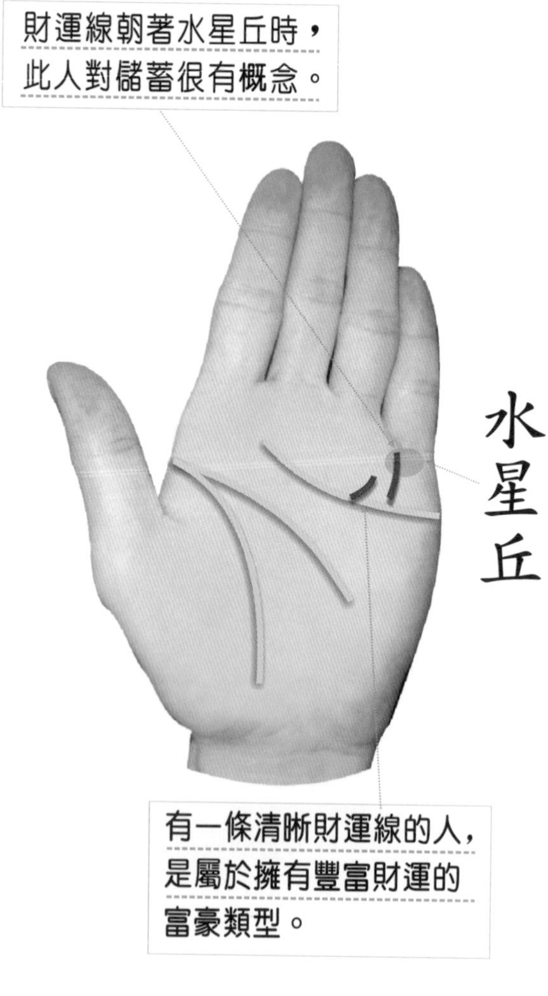
財運線朝著水星丘時，此人對儲蓄很有概念。
水星丘
有一條清晰財運線的人，是屬於擁有豐富財運的富豪類型。

由財運線看財運狀況

如果您的財運線出現平緩的曲線時。

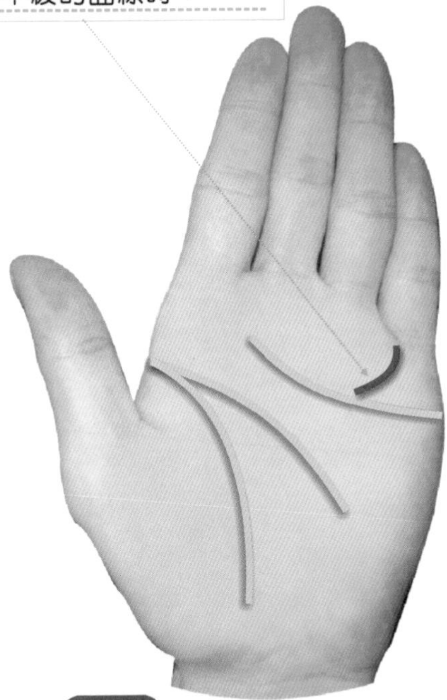

運用型

一生能夠靈活地運用資產，以致獲得大量的收益。同時在處理財產是採踏實兼大膽的方式。

由財運線看破財狀況

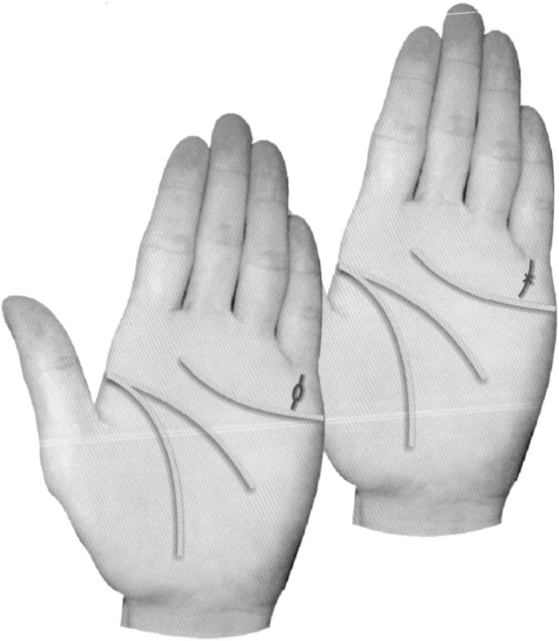

財運線出現了島紋及X字紋，是在暗示即將有錢財的麻煩。

由財運線看破財狀況

在水星丘上發現有四角紋，表示在金錢方面有困難時，會有貴人出現幫忙。

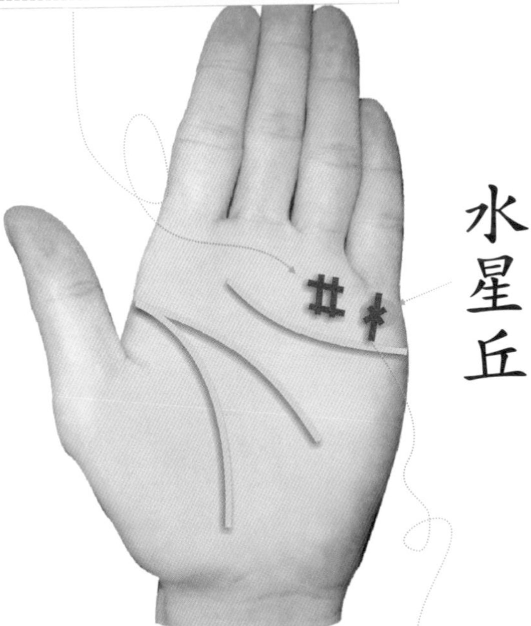

在財運線上有X字紋的人，是俗稱借貸紋，表示會有意外的花費，不要訂約及做保。

由財運線看破財狀況

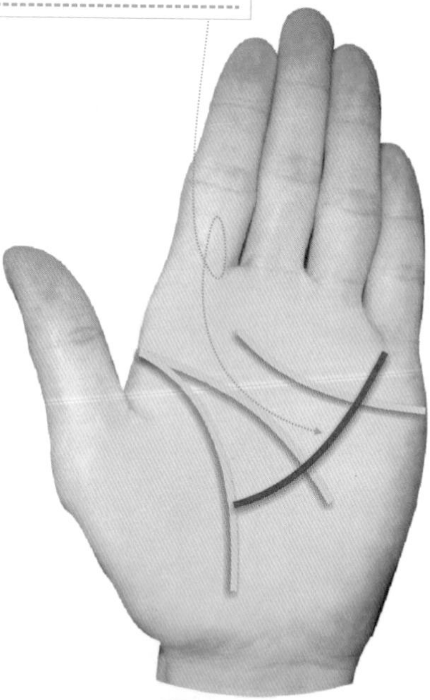

獨創家業型

一生以自己的努力蓄積財富，
才華、才能能活用在商業上，
可以在事業上獲得成功。

由財運線看破財狀況

財運線從命運線開始延伸到水星丘。

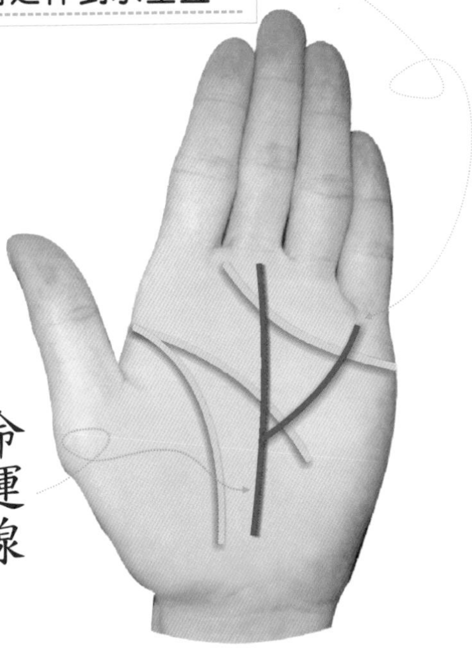

此人有經商的頭腦，有豐富的商業才華,藉此賺進財富,只是需要時間的累積。

由財運線看破財狀況

財運線像波浪狀般

屬窮途潦倒型，平日的生活不甚如意，會在金錢方面煩憂，好像做什麼都不順。

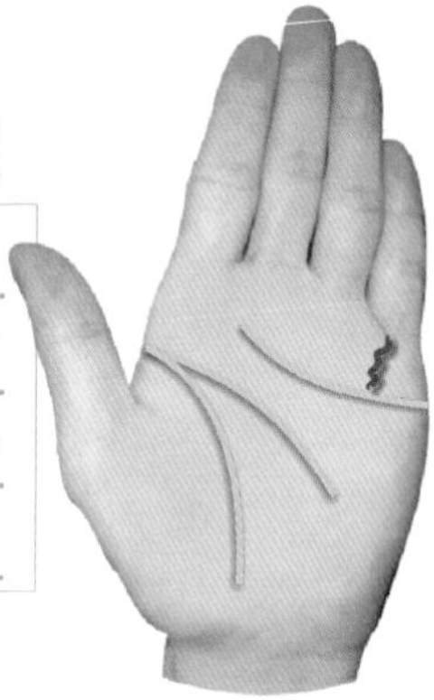

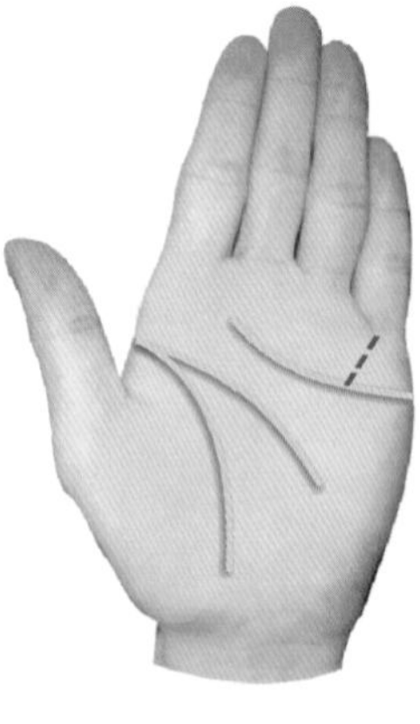

財運線斷斷續續般

收入減少型，收入很不穩定，生活不甚如意，財物也會慢慢減少，花費也很大。

由財運線看破財狀況

財運線很短的人，雖然有錢進來但很快就花光了。但花光了再賺又有了，這才叫人生。

波浪形狀的財運線，在賺錢的路程上比較辛苦，一生賺不了大錢。

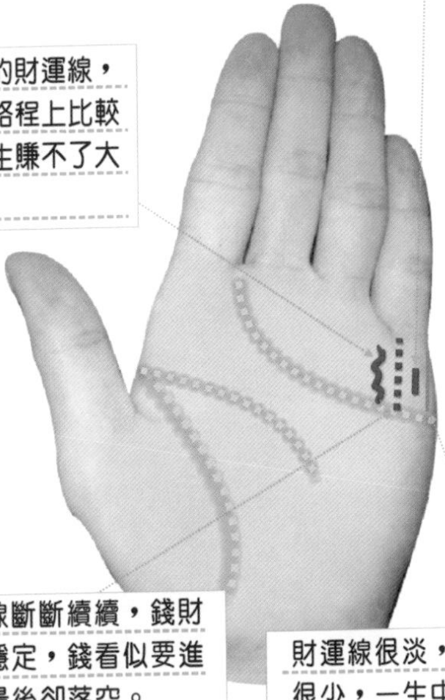

財運線斷斷續續，錢財很不穩定，錢看似要進來，最後卻落空。

財運線很淡，進來的錢很少，一生中不容易有賺大錢的機會。

沒有財運線的人比較沒有金錢觀，一生清貧度日也不會很積極的去賺錢。

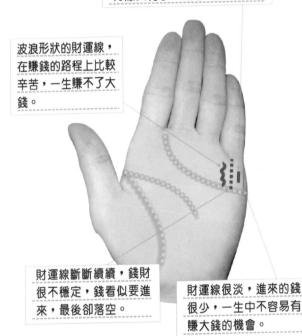

由財運線看破財狀況

財運線的終點有障礙線，暗示會有破產的危機，儘量找人商討，解決問題最重要。

財運線上有障礙線或記號，代表會有金錢方面的糾紛和危機，爲人處事要務實，不要逞強。

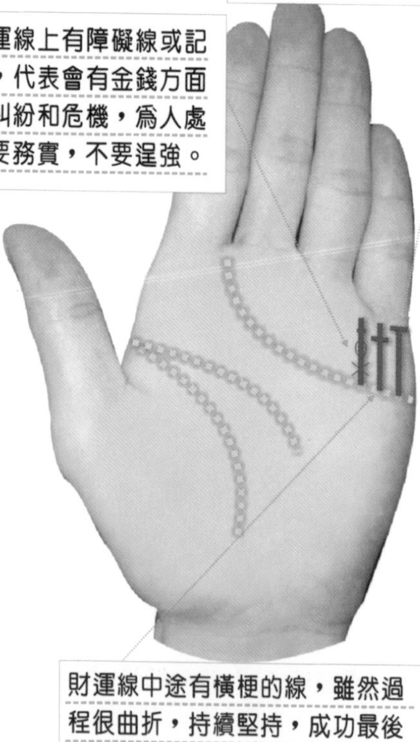

財運線中途有橫梗的線，雖然過程很曲折，持續堅持，成功最後還是會給努力的人等到的。

由財運線看破財狀況

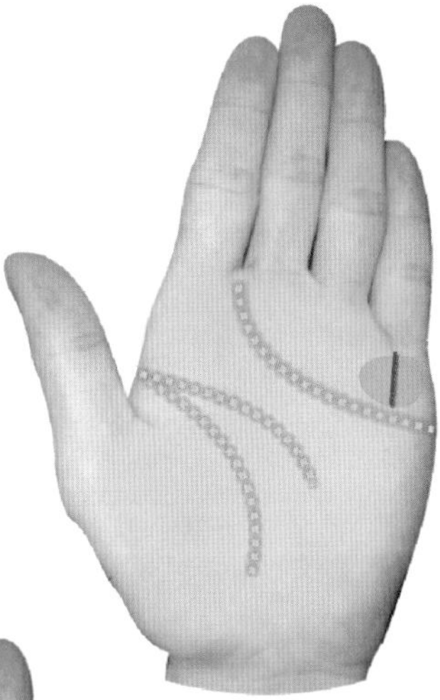

財運線由感情線伸到小指的正中央，標準的節儉者，大家都叫他吝嗇鬼。

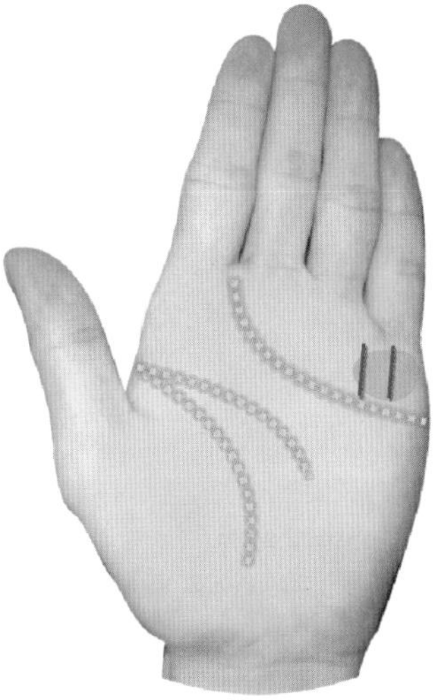

有兩條財運線，一條伸到小指的正中央，另一條伸到小指和無名指的中間，代表優越的財運線，兼具儲蓄和理財的雙重才能。

由財運線看破財狀況

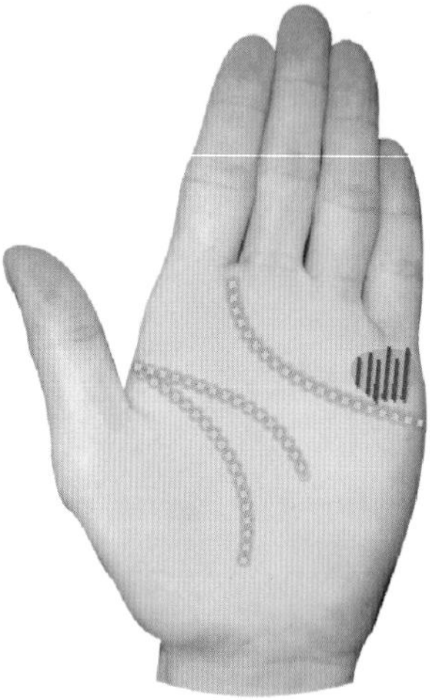

水星丘有很多條財運線，錢進來多少就會出去多少的「竹簍」型。對錢很不堅持。

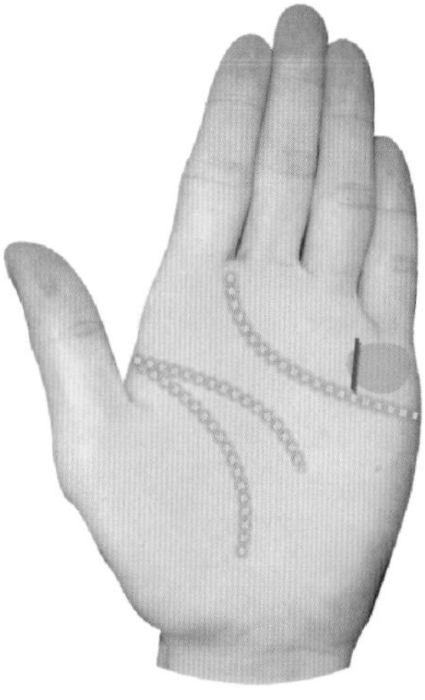

財運線延伸到小指和無名指之間，有投資理財的才能，屬正、偏財都擁有的人，這種手紋財運一流。

第八單元

手部運動改運篇

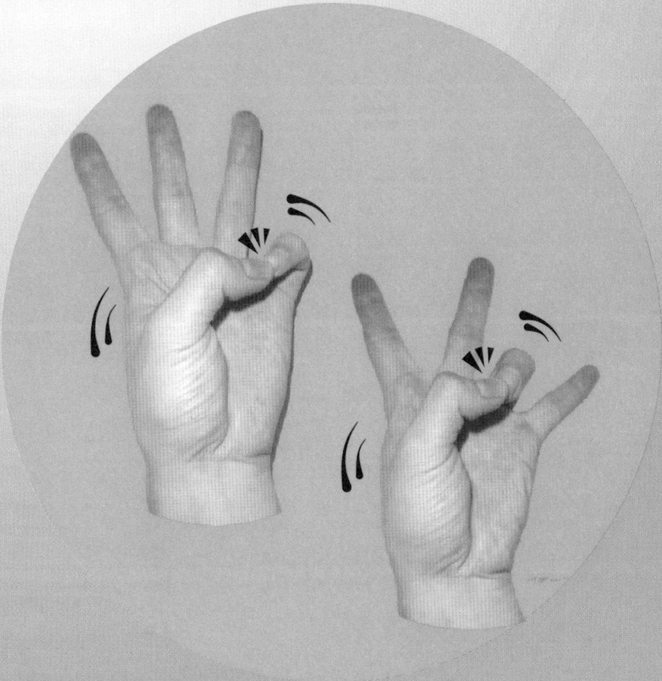

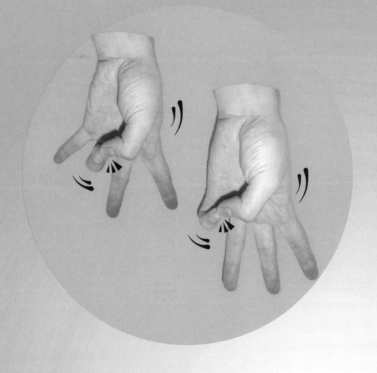

戴戒指開運法

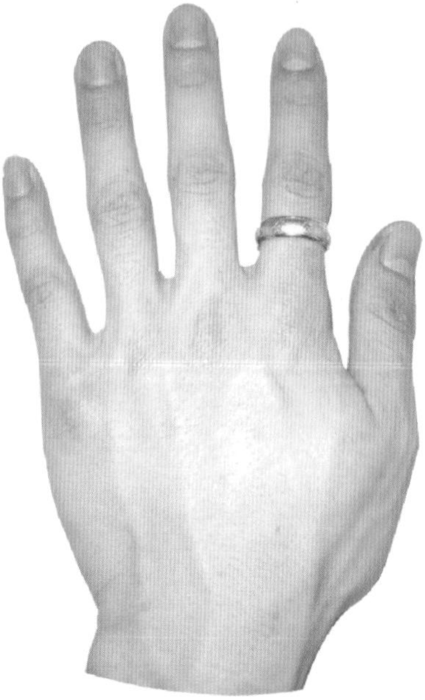

說明

在食指根部戴上戒指，就能夠形成「好運開門」的「所羅門之環」，當您感覺運氣不佳時，儘快帶上戒指會有改運效果。

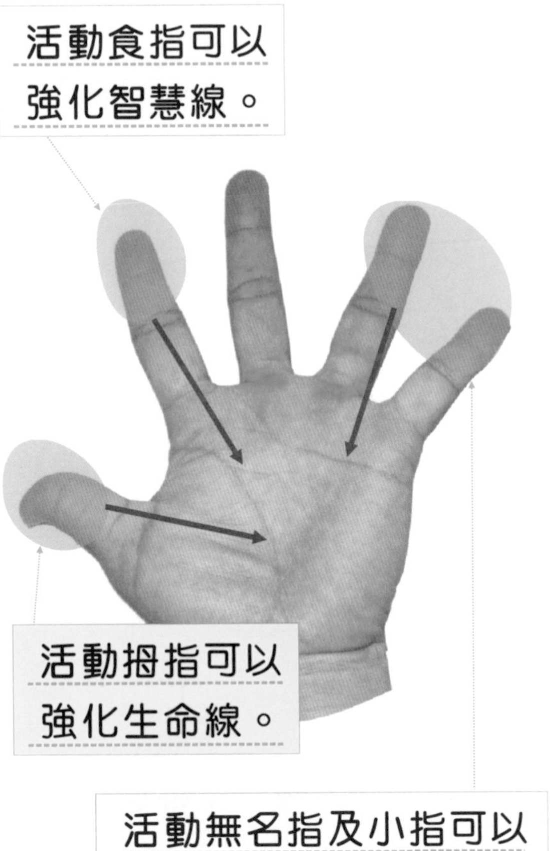
活動食指可以
強化智慧線。
活動拇指可以
強化生命線。
活動無名指及小指可以
使感情線的形狀變好。

手相體操

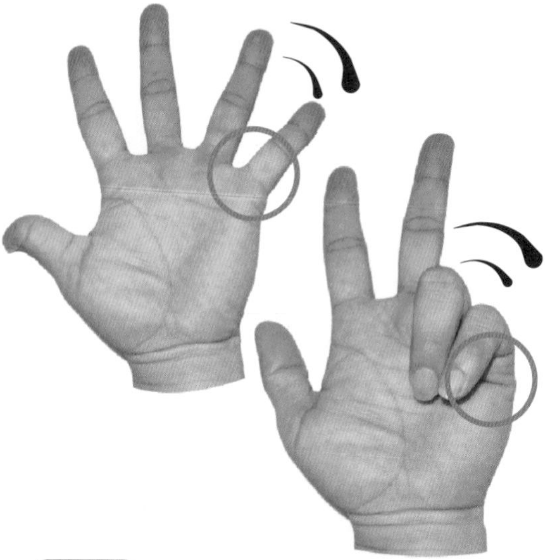

說明

常彎曲或伸張無名指及小指，常常做此動作可強化感情線、婚姻線，好讓感情順利、愉快。

手相體操

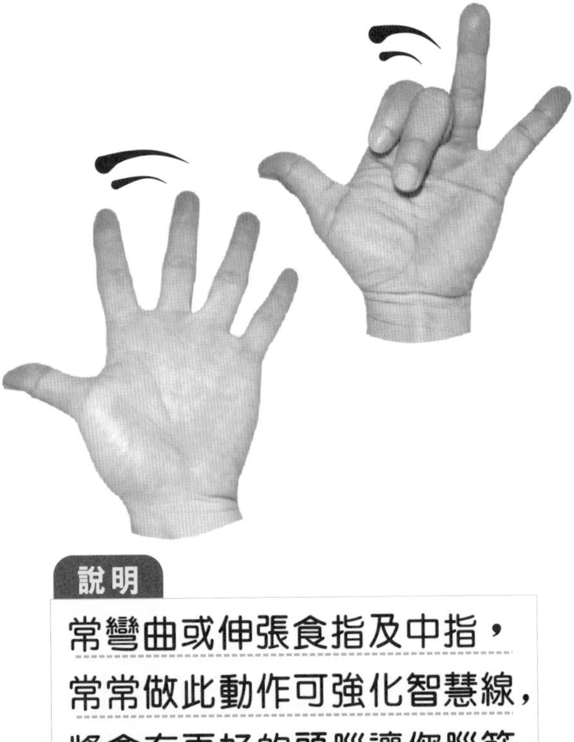

說明

常彎曲或伸張食指及中指，常常做此動作可強化智慧線，將會有更好的頭腦讓您腦筋棒棒。

手相體操

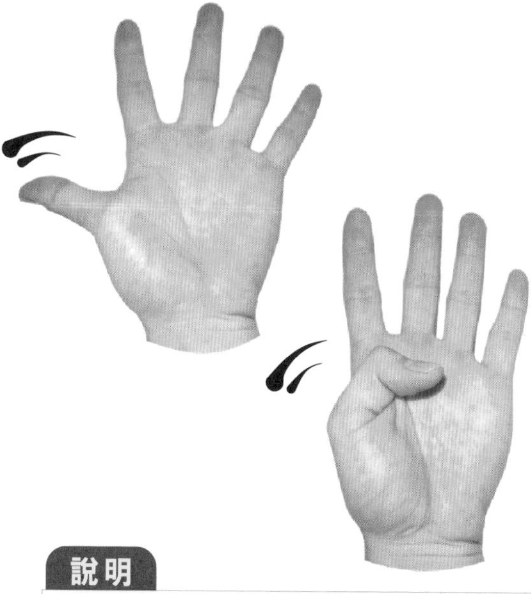

說明

常彎曲或伸張大拇指，常常做此動作可強化生命線，將會有更好、更強壯的身體喔！

手相體操

說明

將大拇指折向無名指、小指然後放開，常常做此動作可強化生命線，將會有更好、更強壯的身體喔。

針對問題點按摩

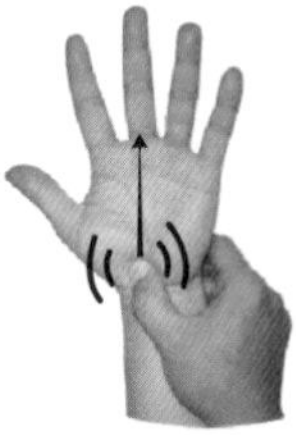

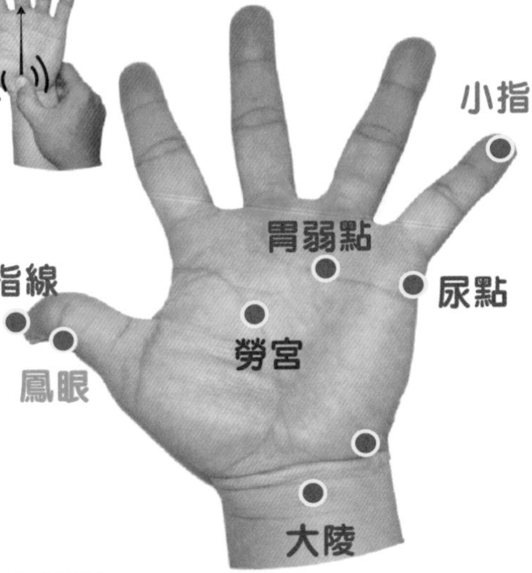
小指線
胃弱點
拇指線
尿點
勞宮
鳳眼
大陵

說明

刺激手的穴道有治療身體毛病及開運作用，刺激穴道及按摩可以讓手活性化。整個手部能產生力量的話，手相也會變好。

針對問題點按摩

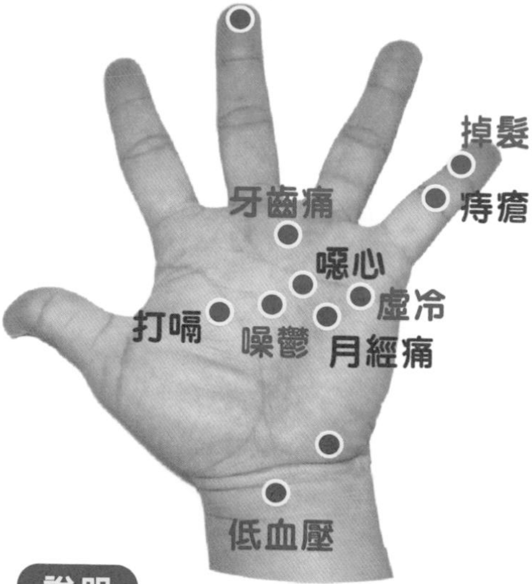

說明

刺激手的穴道有治療身體毛病及開運作用，刺激穴道及按摩可以讓手活性化。整個手部能產生力量的話，手相也會變好。

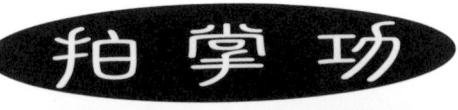

拍掌功

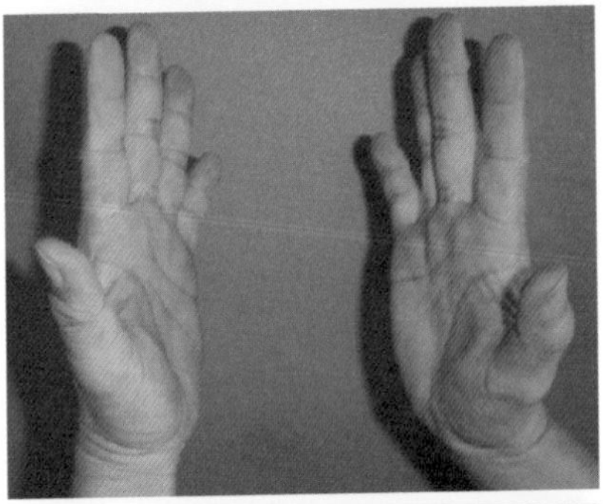

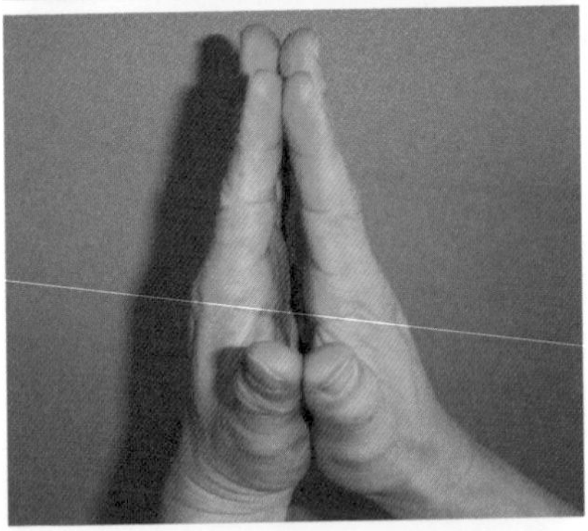

每天雙手用力拍掌100下，身體強健2倍，身體要不要顧隨您。

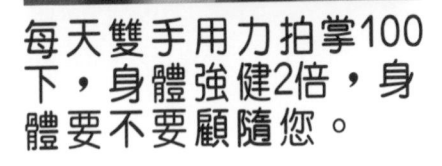

拇指=語言能力

皮指紋之紋路，
代表行動、執行力，
與自我期許。

說明

開運方法

請將拇指360度旋轉，其餘四指靠攏，每天做10分鐘，改運效果驚人。

增長智慧的改運體操

食指=心象

皮指紋之紋路，
代表思維、創意，
及表達能力。

說明

開運方法

請將食指360度旋轉，其餘
四指靠攏，每天做10分鐘，
改運效果驚人。

中指=感情

皮指紋之紋路，
代表肢體操作、理解，
以及3D藝術欣賞。

說明

開運方法
請將中指360度旋轉，其餘
四指靠攏，每天做10分鐘，
改運效果驚人。

增長智慧的改運體操

無名指=自律神經

皮指紋之紋路，
代表聲音的辨識，
以及理解力與感受力。

說明

開運方法
請將無名指360度旋轉，其餘四指靠攏，每天做10分鐘，改運效果驚人。

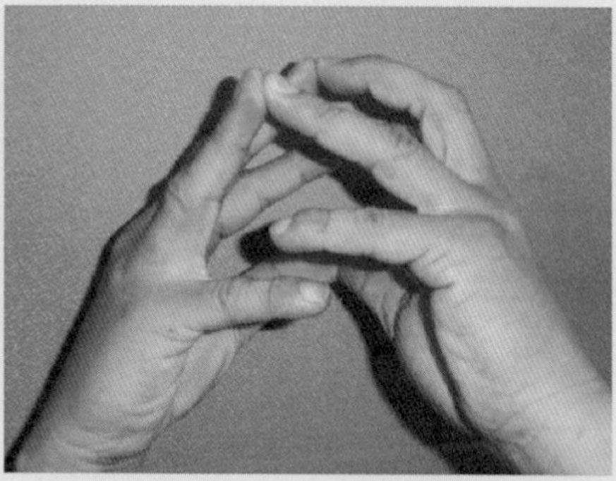

小指=運動神經

皮指紋之紋路，
代表視覺的文字、
圖像辨識及平面藝術。

說明

開運方法

請將小指360度旋轉，其餘四指靠攏，每天做10分鐘，改運效果驚人。

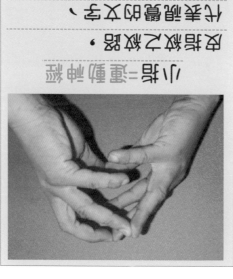

增長智慧的改運體操

正確按摩步驟有助吸收之餘亦能促進血液循環及刺激皮脂腺，令雙手更覺光滑。

步驟1

抓緊指尖兩側，往指根方向按摩，重複3次。

步驟2

由指尖開始往指根以畫螺旋狀方式，打圈按摩約1分鐘。

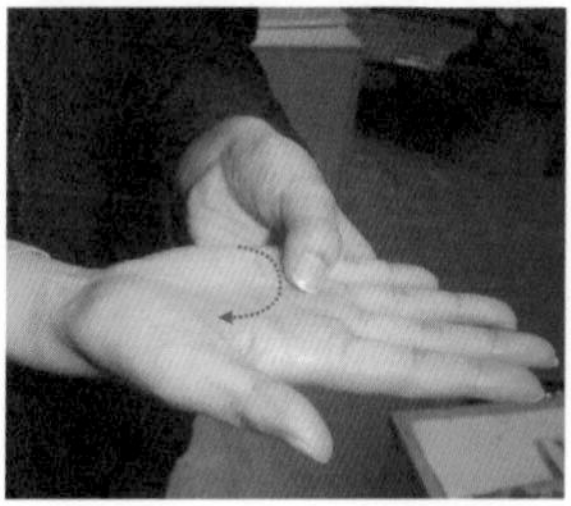

步驟3

用拇指指腹在掌上以畫半圓形的方式按摩約1分鐘，之後於手背重複此動作。

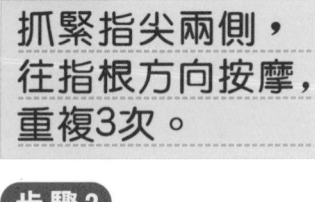

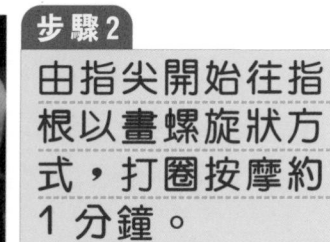

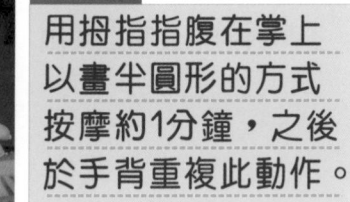

手指關節炎常見於指尖小結節，特別於晨早，雙手更易感到僵硬無力，以下運動能加強肌肉訓練，避免指關節硬化。

步驟1

將一條略鬆的橡皮筋套在手指第二節上，然後將手指分開，持續5秒後放鬆,休息數秒後重複再做8次。

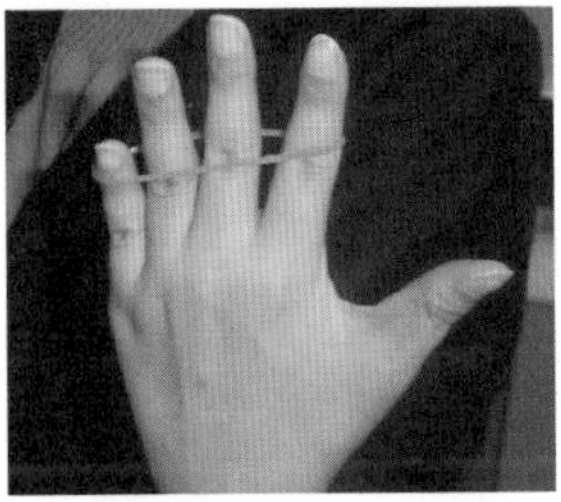

步驟2

雙手合指放在一起，拇指對拇指,指尖對指尖,試將雙手掌盡量合上，擴展拇指與食指間的蹼形空隙，持續5秒後休息數秒，重複動作5次。

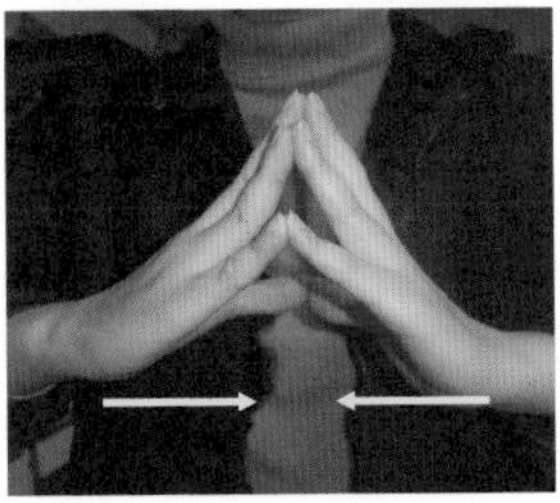

步驟3

拇指與拇指互相抵觸施壓，加強拇指肌肉，持續5秒後休息數秒，重複動作10次。

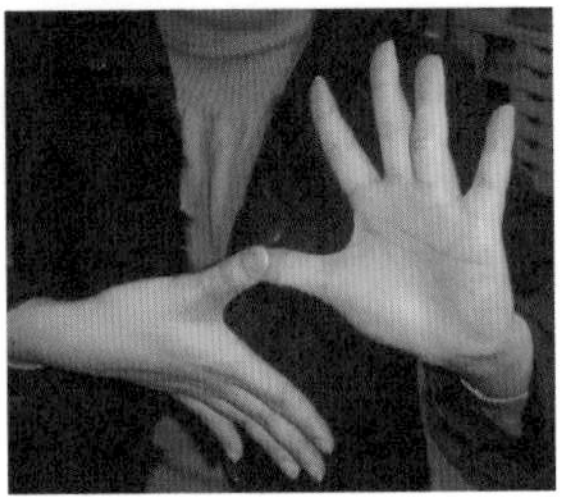

想令粗糙手指變得有光澤，可嘗試以下手指運動，每天沐浴後血液循環較佳時進行，效果更好。

步驟1

雙手同時握緊五根手指成拳頭狀。

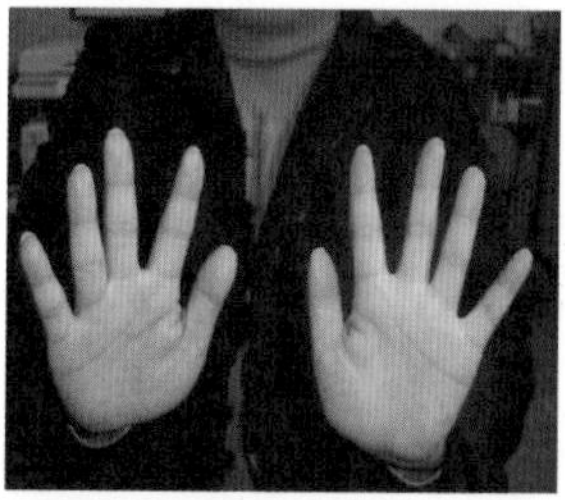

步驟2

一邊吐氣，一邊用力撐開五根手指，重複5次。

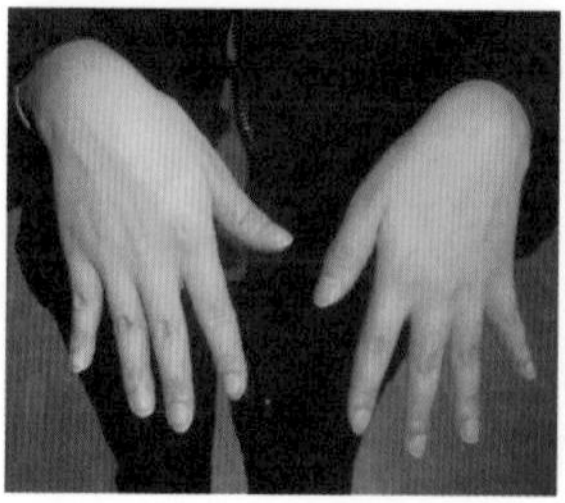

步驟3

雙手毋須用力，自然的下垂3分鐘。

第九單元

由脚部反射區診斷身體狀況

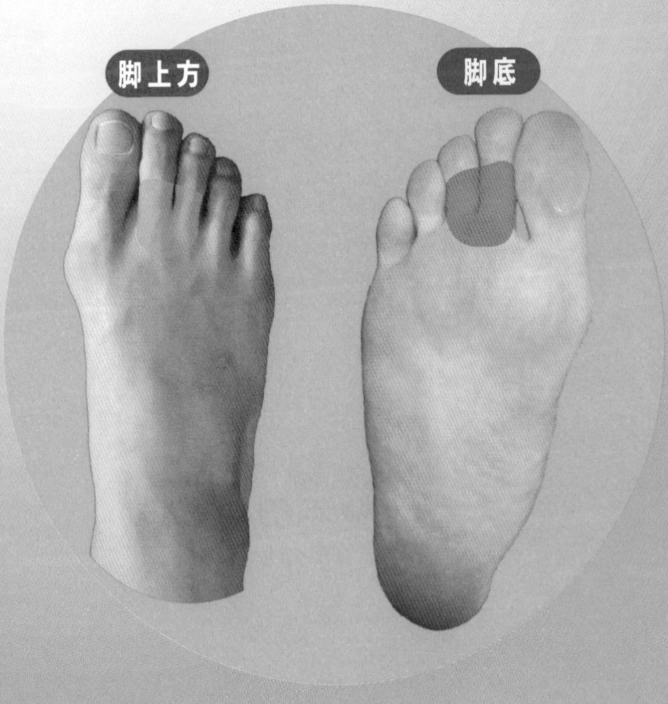

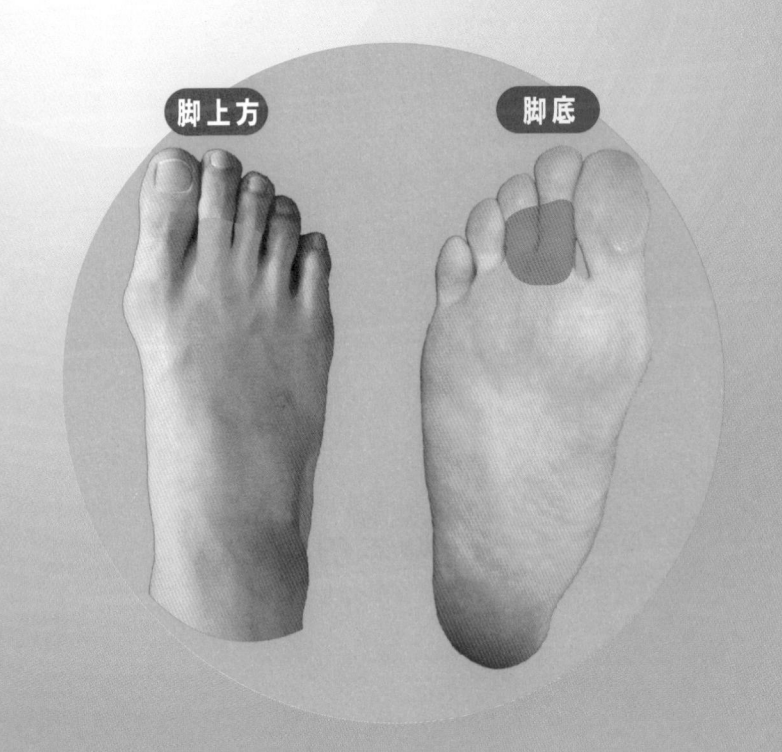

頭部、太陽穴反射區

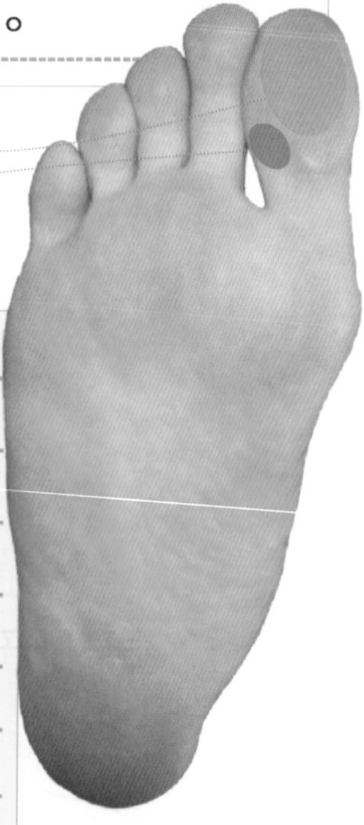

腦幹、小腦反射區

頭暈、失眠、腦性麻痺、走路不穩、高血壓、工作緊張、肌肉緊繃，常在此區按摩的話，有降低血脂肪，對提升運動機能有明顯的功效。

頭部反射區

按摩此區前宜先按摩頭部，讓身體全身放鬆，此區對治療各種頭痛、腦充血或腦震盪癒後的後遺症有很明顯的功效。

頭部、甲狀線反射區

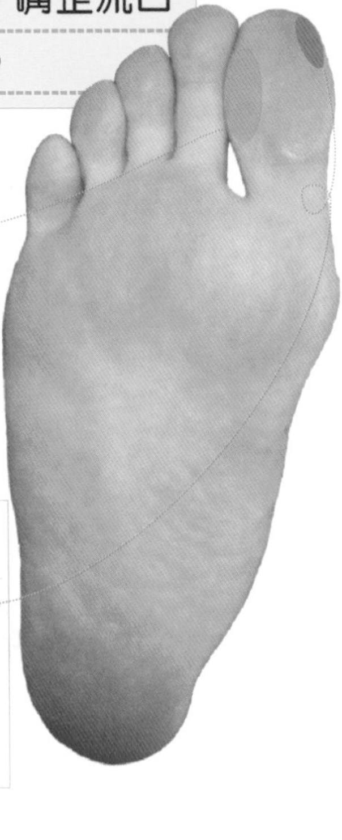

太陽穴、三叉神經反射區

按摩此區可有效改善耳疾或用眼過度而造成的頭痛及睡眠不好、熬夜的頭痛，針對中風患者、顏面神經麻痺、嘴歪流口水也有治療的功效。

鼻腔反射區

鼻塞、鼻子過敏、鼻炎等鼻子的毛病，在此區按摩的話有良好的治療功效。

頭部、甲狀線反射區

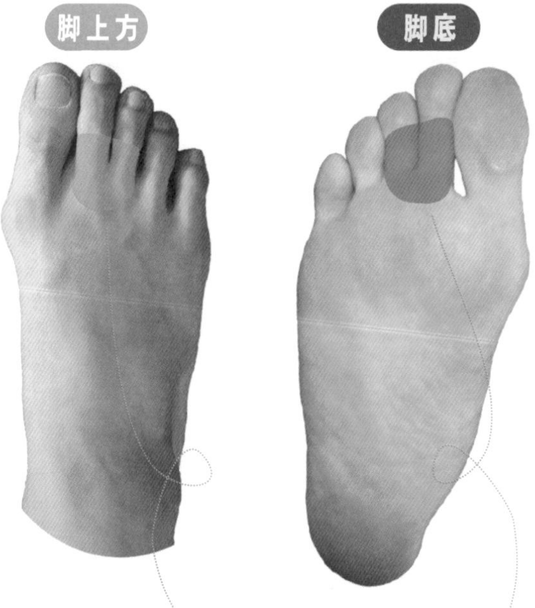

眼睛反射區

眼睛是靈魂之窗，如想要控制近視的度數或想增強視力的人，常按摩此區能強化視力，另外眼睛容易疲勞、老花眼、白內障、角膜炎等其他眼疾也有改善的功效。

頭部、甲狀線反射區

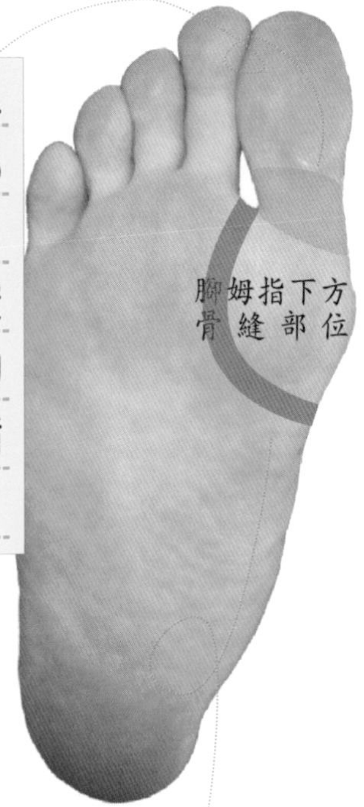

頸項反射區

對於過度勞累的人血液循不佳，頸部容易僵硬、酸痛、扭傷，常在此區按摩的話，有良好的舒解及促進血液循環的功效。

甲狀線反射區

甲狀線失調會導致肥胖症或過瘦，如有心悸、腫脹、凸眼性甲狀線腫或神經性的症狀，均可按摩此區，皆有改善症狀的效果。

心臟、肛門反射區

心臟反射區

呼吸困難、心律不整、心力衰竭、心臟疼痛或刺痛、心臟缺損、中風病患的保健、預防勝於治療可多按摩此處以求改善兼保健。

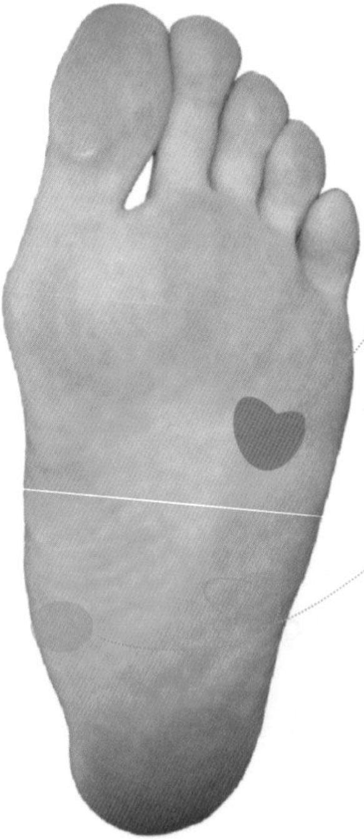

肛門反射區

便秘、直腸炎、痔瘡(外痔)、腹瀉、便秘、直腸病變者，常按摩此處可有效改善疾病。

耳朵、肝臟反射區

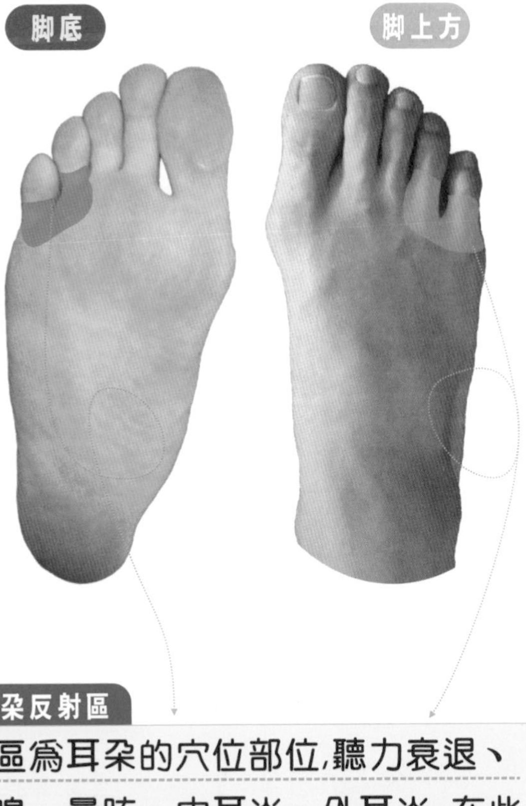

耳朵反射區

此區爲耳朵的穴位部位，聽力衰退、耳鳴、暈眩、中耳炎、外耳炎，在此區按摩能有效的改善症狀，故可常在此區做按摩的動作。

耳朵、肝臟反射區

肝臟反射區

此區能改善肝炎、黃疸、膽結石、肝斑、肝硬化等病狀，失眠、易疲勞者常按摩此區能有效預防肝臟疾病。

位於【右腳】垂直下凹部位

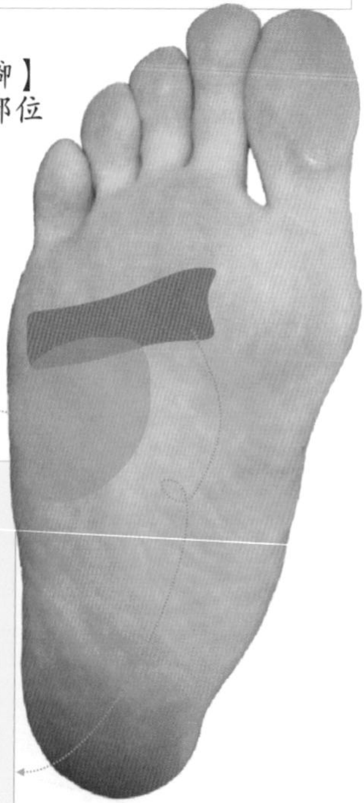

肺和支氣管反射區

咳嗽、肺炎、氣喘、胸悶、肺病、支氣管炎等病變均可按摩此區，可有效改善呼吸道疾病。

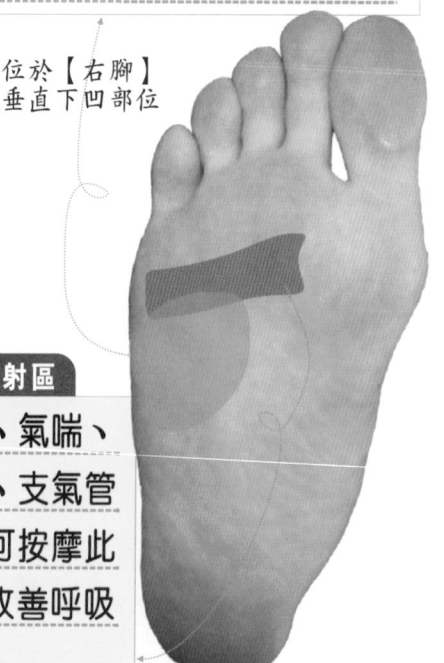

胃部、十二指腸反射區

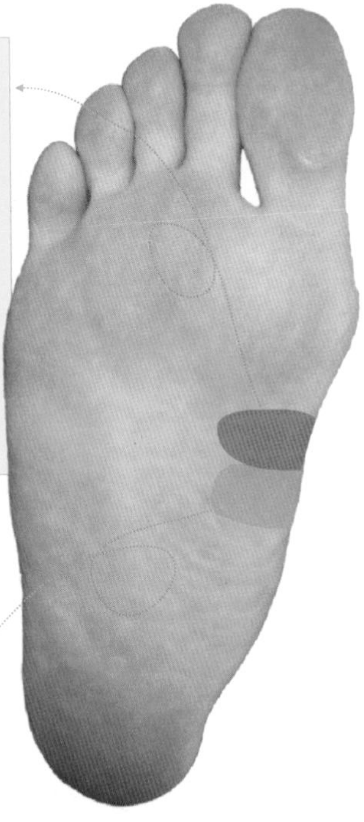

胃部反射區

胃痛、消化功能不良、胃酸過多、胃潰瘍、腸胃病變者、壓力大、易緊張者，常在此區按摩能有良好的改善。

12指腸反射區

腹部飽脹、消化功能有障礙、十二指腸潰瘍者，常在此區按摩能促進腸胃之間的血液循環，但十二指腸手術後，只可輕輕搓揉，不可重壓喔。

腎臟、膀胱反射區

腎臟反射區

腎衰竭、腎結石、尿毒症、關節炎、濕疹、靜脈曲張、風濕病及動脈硬化等，亦可常按摩此區，對上述疾病能有效改善。

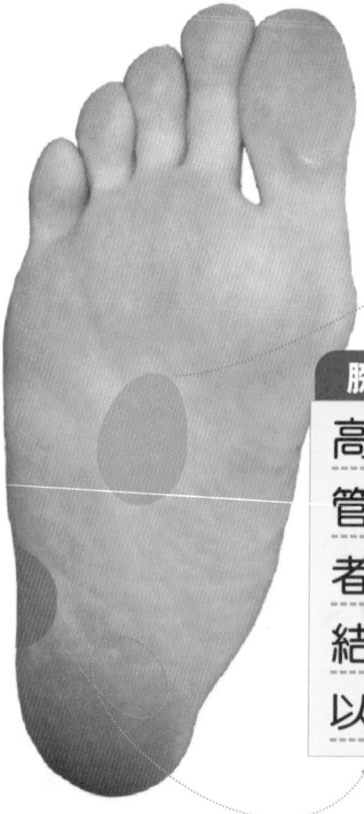

膀胱反射區

高血壓、腎病變、輸尿管、膀光無力、尿失禁者可按摩此處，但膀胱結石者則不可按摩此處以免發生危險。

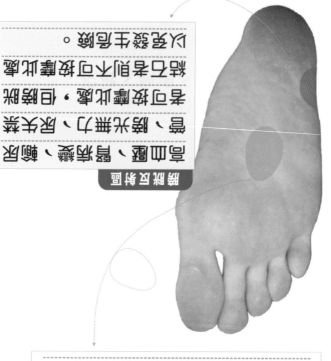

直腸、小腸反射區

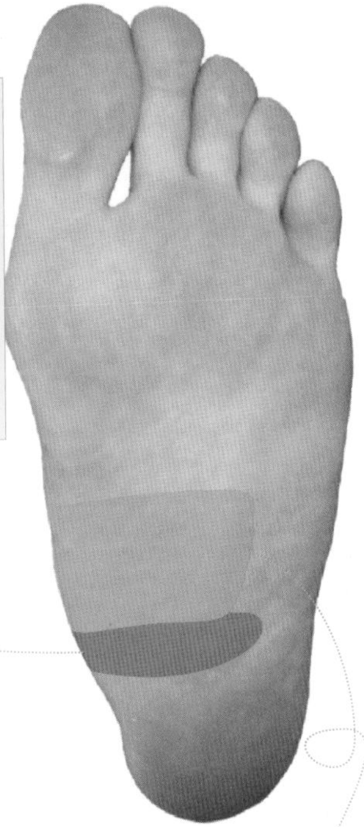

直腸反射區

便秘、直腸炎、腹瀉、痣瘡者，常按摩此處能舒解以上不適之症狀並有很大的幫助。

小腸反射區

急慢性腸炎、胃部脹氣、腹部悶痛、脫髮、腹瀉、疲倦、緊張、營養不良者，按摩此區，可有效改善腸胃之疾病。

胸腔、乳房反射區

胸腔和乳房反射區

壓力過大造成胸腔氣悶、乳房充血（經期前）豐胸，常按摩此處可有良好的治療效用。

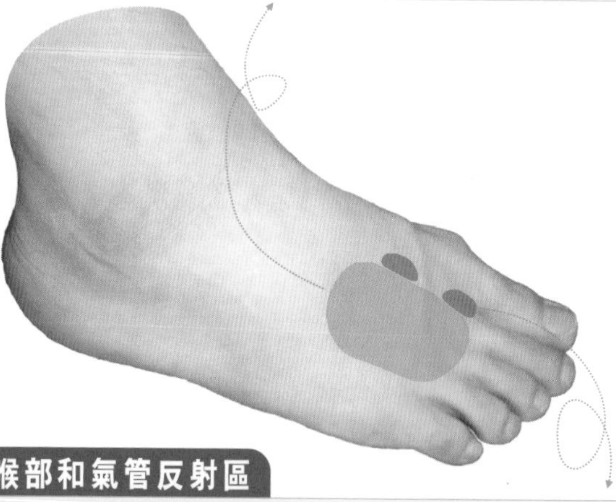

喉部和氣管反射區

喉痛、氣喘、咳嗽、氣管炎、喉嚨發炎、聲帶水腫、聲音微弱、感冒、嘶啞者，按摩此區，可有效改善症狀。

臉部、尿道反射區

臉部反射區

臉部皮膚不適、青春痘、黑斑等，常按摩此處有美容、保健的效用。

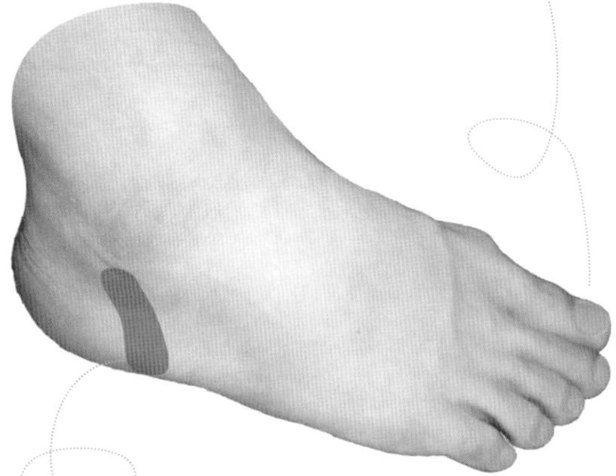

尿道、陰莖(陰道)反射區

尿道發炎、尿道感染、性功能障礙、陰道發炎，均可按摩此區，可有效改善症狀。

子宮、攝護腺反射區

直腸和肛門反射區

痔瘡、便秘、直腸炎、疝氣，常按摩此區有良好的療效。

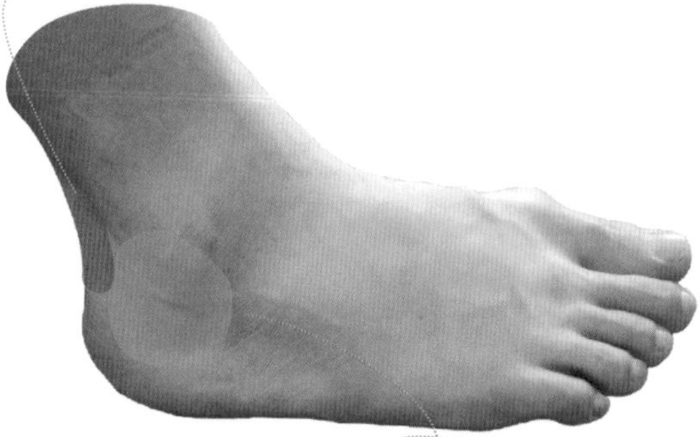

子宮或攝護腺反射區

經痛、尿道疼痛、子宮虛弱、發炎的白帶頻尿、滯尿、尿道疼痛及帶血，常按摩此區有良好的治療效果。

肩部、坐骨神經反射區

膝部反射區

膝傷害、膝關節炎、膝關節疼痛，按摩此區，可有效改善腸胃之疾病。

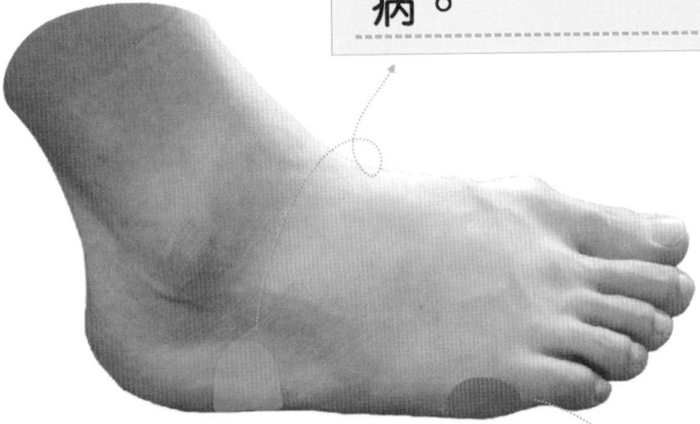

肩部反射區

五十肩、習慣性肩或關節脫臼、手臂無力、肩酸痛，常按摩此區能舒解以上不適之症狀，有很大的幫助。

肩部、坐骨神經反射區

下腹部反射區

月經腹痛、不規則的腹部疼痛、男性的啤酒肚，按摩此區，可有效改善以上症狀。

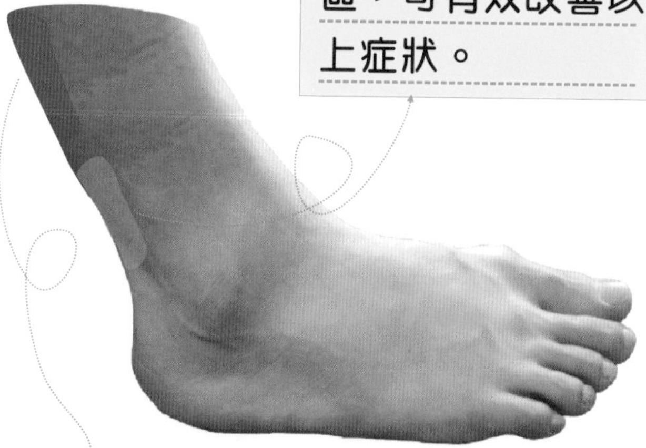

坐骨神經反射區

坐骨神經疼痛與發炎、長期久坐職業病、久站工作慢性職業病，常按摩此區能舒解以上不適之症狀，有很大的幫助。

肩部、坐骨神經反射區

手臂反射區

上肢酸痛或麻痺，尤其是電腦族所患的職業病，按摩此區，可有效改善上肢酸痛之效果。

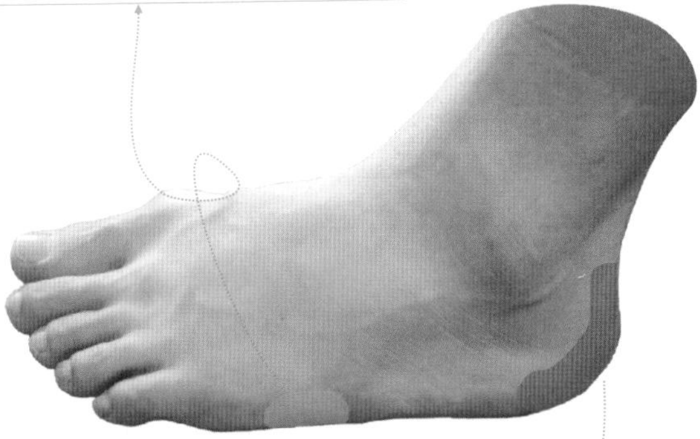

外尾骨反射區

坐骨神經痛、外尾骨受傷的後遺症等等，常按摩此區能舒解不適之症狀，對症狀改善有很大的幫助。

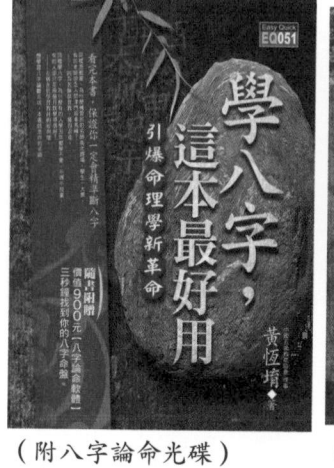

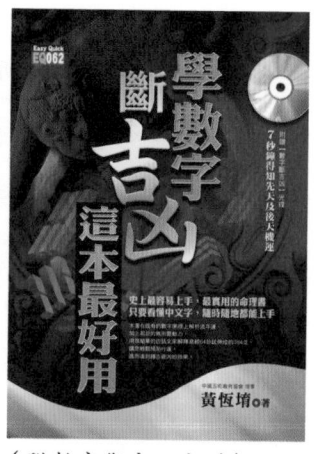

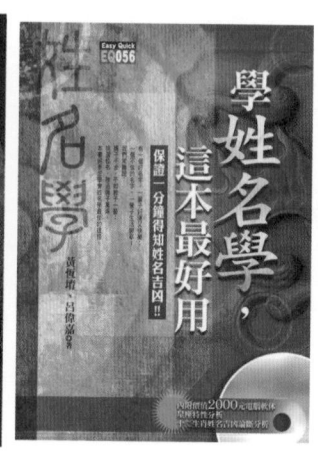

吉祥坊易經開運中心服務項目

一、命理諮詢附八字詳批，奇門遁甲用事方位一個月	1800元
二、命名、改名，附改前、改後命書流年一本	2680元
三、一般開市、搬家、動土、擇日，附奇門遁甲擇日	1200元
四、嫁娶合婚擇日，附新郎、新娘八字命書一本	3600元
五、剖腹生產擇日，附72張時辰命盤優先順序	3600元
六、陽宅鑑定及規劃佈局，附男、女主人八字命書一本	4800元
七、開運印鑑，附八字流年命書一本	4500元
八、吉祥印鑑	1800元
九、助運名片設計製作，附八字流年命書一本	2680元
十、八字命理班招生初、中、高階（共50小時）	讀者特優惠
十一、陽宅規劃班招生初、中、高階（共60小時）	讀者特優惠
十二、姓名學招生（23小時）	讀者特優惠
十三、其他教學VCD或開運物品上網查閱	
十四、八字、擇日及婚課、奇門遁甲、姓名學、數字等軟體	請上網流覽

本中心也提供（免費）網上即時論八字、姓名、數字吉凶等等。

國家圖書館出版品預行編目資料

初學手相，這本最好用 / 黃恆堉著.
初版——臺北市：知青頻道出版；
紅螞蟻圖書發行, 2006 (民95)
面 ； 公分 — —(Easy Quick ; 72)
ISBN 978-957-0491-96-8（平裝附光碟）

1.手相

293.23 95018648

Easy Quick 72

初學手相，這本最好用

作　　者／黃恆堉
發 行 人／賴秀珍
總 編 輯／何南輝
特約編輯／林芊玲
美術編輯／林美琪
出　　版／知青頻道出版有限公司
發　　行／紅螞蟻圖書有限公司
地　　址／台北市內湖區舊宗路二段121巷19號(紅螞蟻資訊大樓)
網　　站／www.e-redant.com
郵撥帳號／1604621-1　紅螞蟻圖書有限公司
電　　話／(02)2795-3656（代表號）
傳　　真／(02)2795-4100
登 記 證／局版北市業字第796號
法律顧問／許晏賓律師
印 刷 廠／卡樂彩色製版印刷有限公司
出版日期／2006年10月　第一版第一刷
2020年 3 月　第五刷(500本)

定價 300 元　港幣 100 元

ISBN 978-957-0491-96-8　Printed in Taiwan